悠々とした生き方

青空のような心で生きる秘訣

聖ヶ丘講話

五井昌久

白光出版

刊行にあたって

聖ヶ丘講話とは、昭和三十年後半から五十年代初めにかけて、千葉県市川市にあった聖ヶ丘道場での統一会（講話と祈りの会）における五井昌久先生のお話です。

お話は、たいがいは質問に応えてなさったもので、ごく身近な、病気や、家庭のこと、人間関係の問題から、ひろく世界の平和や宇宙の問題、霊界や死後の生活のこと、また永遠の生命の覚醒、霊性開発という問題や、ご自分についてのことなど、時折ユーモアも交え、お話しくださいました。

本書は、その中でも主に、人生を自由に、大らかに、悠々と生きてゆく生き方について語っておられるものを選び、編集したものです。それは、一言でいえば、「自然法爾」という生き方であり、また、「青空のような心で生きる」生き方といえましょう。

「自然法爾」の生き方とは、神仏のみ心のまま、自然にひとりでに、無為にして生きるということであり、それは、そのまま五井先生の生きる姿でもありました。自己というものをすべて神の中に投げ出し、捧げ尽くされたところから生じる〝すべては神様がいいようにしてくださる〟という全託の生き方……サラサラと流れるいのちのままの生き方です。そこには、何の不安も、焦燥も、作為もなく、まさに青空のように、広く、明るく、澄み切った心があるのみです。

そのような生き方を誰しもが出来るようにと、五井先生は、その秘訣をやさしく説いてくださっています。

本書にはまた、〝明るい心こそ運命を開く鍵である〟と語られる五井先生の「運命」についてのお話もいくつか収めました。

平成十九年二月

編集部

目次

第4章　運命は必ず好転する

ブックデザイン・渡辺美知子

第1章

いのち自由に生きる

自分のいのちを自由にする

宗教の一番の目的

宗教の一番の目的は何かというと、自分の生命《いのち》を自由にすることです。生命を生き生きとさせて大生命《せいめい》と一つになっていく。大生命というのは神様です。神様の法則にのって、しかも小生命である人間が、生き生きと生命を働かせるということが一番の根本なんですね。そのために宗教をやるわけです。

ところが往々にして戒律の多い宗教団体、あるいは、自分の集団の一つの決まりの通りにさせようとする固まった宗派があるわけです。間違ったキリスト教にもあります。間違った仏教にもあります。新興宗教の間違った団体にもありますね。一番根本の問題である生命を生き生きとさせるということをなくして、縛《しば》ってしまう。一つの規則で縛ってしまう。

そうしますと、一番肝心の神様のみ心がそこに現われて来ないんです。どんなにいいことをしようと、どんなにその会のために働こうと、生命が縛られて不自由な心のままで働いたのでは、その人は生きていないのです。

一番大事なことは生命を自由にするということです。そうすると、私どもの教えには、〝消えてゆく姿〟というのがありますね。今現われている環境は、今現われている病気や不幸は、過去世の因縁の消えてゆく姿だ。消えてゆくに従って本当の自分の神の姿、生命の本源につながった自由な生命が現われてくるんだと、教えているわけです。

ところが他の宗教には、消えてゆく姿なんてないんですよ。ただ神の恩寵《おんちょう》であるとか、ご修行である、修練であると、見るわけです。それも勿論いいんですよ。修練であると見てもいいし、神の恩寵であると見てもいい。

しかし、消えてゆく姿というような、悪いもの、誤ったもの、あるいは自分に不都合な状態というものを認めてしまうと、いつまで経っても苦しい中で我慢しなきゃならない。人間の心というものは、我慢にもほどがありましてね。嫌なことが詰まってきますと、いくらそれは神様のためであるといっても、我慢していますと、それが潜在意識に溜《た》まってくるわけです。録音みたいなものですから、毎日毎日思っている、行なっていることが録音盤のようにどんどんどんどん蓄積されているわけです。

だから嫌なことを、これは神様のためだから、嫌でも我慢しなきゃ我慢しなきゃって、我慢、我慢でやっていますと、だんだんだんだん蓄積されてしまって、不満が溜まってしまうんですよ。不満が溜まってくると、小さい時は大したことがないのに、知らないうちに溜まってくると、いつか爆発するんです。

却《かえ》って宗教をやっていると、宗教の縛り、一つの縛られたものがあります。自由を縛られたものがありますと、いつか爆発して却って、逆に唯物論になったりする場合があるんです。

だから例えば、教えがよくても、いい教えであっても、あんまり縛られると、今度はそこを抜け出したくなって、間違った教えにいく場合があるんです。

だからいいことをしようと悪いことをしようと、人間は自分の自由なんです。自由で悪いことをしたことが自分に返ってきて、自分がしまいに不幸になるわけです。それで不幸になってしまって、ああ、これは自分が間違っていたんだなと気がついて、改めていいことをするようになるわけです。

いいことをするのでも

だいたい今生でもって宗教なんかやっていたり、あるいはいいことをしようと思って一生懸命人に尽くしている人があります。

しかし、解脱《げだつ》した菩薩的な人、解脱して悟った人以外は、過去世において自分が悪いことをして、人をいじめたりした場合がある。こうすれば人が助かるのに、自分がしなかったために、人がみじめな思いをしたとかで、自分が慚愧《ざんき》の想いに堪えかねている魂が生まれ変わってくると、何でもかんでもいいことをしなければいられない。自分の家族のことを捨てても、人のために尽くさなければいられないというふうに、もう能動的にいいことをするわけです。

それは過去世の因縁を償《つぐな》おうとして、過去世の罪を払おうとして魂が、肉体では分からないけれど、魂のほうで分かっていて、それでやるわけです。

しかしそれはあくまでも、過去世の因縁因果の中でやっているわけで、本当に悟ってやっているわけじゃないんです。本当に悟って人のために尽くす場合は、自由な生命のまま自由な心で誰に縛られているのでもなく、自分が伸び伸びと明るく、人のために尽くせるわけ。明るい気持ちで人のために尽くせる。社会人類のために尽くせる。そういう形にならないと本当ではないんです。

ですけれども、この世の中は悟った人ばかりじゃないですから、何か一つの縛りがあって、一つの決まりのために働いている場合もあるんです。こうしなきゃいけないんだ。こうしなきゃ自分が徳を積めないとか、こうしなければ会のためにならない、こうしなければ人類のためにならないとか、いろいろしなければならないという責任感でやっている場合が多いわけです。

しかし、それはあくまでも三界《さんがい》の業の世界のことなのです。本当に神様のみ心が喜ぶことは、自分に自然に湧き上がってくる愛の心、自然に湧き上がってくる明るい心で、人のため、社会のため、人類のために尽くすことです。それで尽くしていることが、自分の家庭に対しても、マイナスにならないような状態でないといけないわけです。それを私は教えているわけです。日常生活そのままで、当たり前の今日まで行なってきている生活そのままで、夫にも尽くし、子供にも尽くし、妻にも尽くし、お互いに尽くし合いながら、しかも、道のために働ける。人類社会のために働けるということを、私は思っているわけです。そこで祈りによる世界平和運動というのが生まれたわけです。

〝世界人類が平和でありますように〟と祈る場合には、自分の想いが世界人類の中に広がっていく。個人を通し、家庭を通し、社会を通し、国家を通し、ズーッと人類に広がっていく。〝世界人類が平和でありますように〟と自分が思う時には、その愛の光が世界中に宇宙中に広がっていくわけです。それでまた、自分に返ってくるわけです。

だから小さな小さな固まった人間じゃなくて、いいことをしよう、いいことをしようと焦るんじゃなくて、大きな意味で世界の平和を願う、そういう練習を重ねていますと、いつの間にか自分が常に個人の小さな縛りの中で暮らしているのではなくて、大きな自由な世界、宇宙という中で、自然にひとりでにいいことをしているという状態になるわけです。

そういう祈りをしながら、かたわらでは自分に起こってきた病気とか災難とか不幸とか嫌なことは、「ああ、これは過去世の因縁が消えてゆく姿だな、ああ、これが消えるに従って、私は、神の子である自分の本心が開いていくんだな。ああ、これでいよいよ良くなるんだな」と思いながら、しかも片方では世界平和の祈りをしているという、無理のない、自然の当たり前の行為になるわけなんです。

だからそういう生き方が一番いいと思うんですよ。こうしなきゃいけないと縛られて、それでグーッとこれだけ寄付しなきゃいけないとか、こうしなきゃいけないとかいうんじゃないんです。自然に自分が能動的に神のみ心を行じていく。そういうことがいいと思うんです。

神様は人の心を縛らない

だからあんまり縛るような宗教団体は避けたほうがいいですね。そんなに生命を縛られたら、想いが溜まっちゃって、今度は何かしら爆発しますから。

だいたい神様は人を縛れとは言わないんです。もし神様が人の心を縛っていいものならば、悪い奴なんか神様が「エイッ」とやったら、もう一遍にみんな死んじゃって、いい人だけが残るようになるわけでしょ。

ところがいい人も悪い人も、愚かな人も賢者もみんな一様に生かしておくわけです、神様は。それで自分の自覚によって、救われる人は救われていく。なかなか救われない人はいつまでも救われない。やがて最後には全部救われるんだけれども、そういう状態でしょ。

それで神の愛の心として守護霊守護神を遣《つか》わして、一人一人個人の後ろに、完全に三人くらいついているわけです。それで、あくまでも神様の子である、本当の姿を現わさせようと思って一生懸命やっているわけです。

ところが、いくら神様のほうで守護霊守護神を遣わせてやっていても、こっちがもう業のほうに振り向いて、業のほうに行っていれば、これは離れていく。

それを今度は宗教の先達が、まあ私たちや、みなさんも先輩はそうです。一生懸命世界平和の祈りをして〝その人の天命が完《まっと》うしますように、どうかみんなが幸せになりますようにって祈っている。祈りの光によってその業を払っていくわけです。過去世からの業を払っていく。

そうすると、だんだんだんだん守護霊守護神とこの肉体のほうとが近づいていく。そうすると、これまで分からなかったようなことが、何で私はあんな馬鹿なことをしていたんだろう。あんな悪いことをしていたんだろうと、気がついてくるわけ。

だから根本的に一番大事なことは祈りなのです。〝みんなが幸せになりますように、どうか私どもの天命が完うされますように、世界人類が平和でありますように〃そういう愛の祈りが一番この世を幸せにする。個人個人のためにもなるし、社会人類のためにもなるわけです。

だから私の申し上げたいことは、何にも縛られるんじゃなくて、自分の生命が欲したまま生命が欲するままに、祈りの行をしていくということが大事なんです。

上徳と下徳

それからもう一つ言いたいことは、自分がやっていることですね。私はこんなにやっているんだ。私はこんなに働いているんだとか、あるいは自分はこんなに偉いんだ、自分はこんなに悟っているんだというように、自分というものを出そう出そうとすることは、マイナスなんです。徳のうちでも一番下の徳なのです。

人のために尽くすことはいいことだから、徳は積むわけです。しかし自分がやっているんだ、自分はこうなんだ、自分は偉いんだ、自分はこんなに働いているんだと、こうやることは、徳を積みながら、またその徳を削っていることになるんです。

それは何故か。自分、自分と言って、神様から自分を離すからなんです。言わなくても自然にいいことをし、自然に徳を積んでいれば、それは自然に積み重なるんであって、自分が「俺はやっているんだ、俺は偉いんだ」と言わなくても、神様のほうでちゃんと徳を積ませるわけですよ。

だから上徳といって徳の一番上等なことは、自分がいいことをしていても、それをいいことども何とも思わないで出来るように、自分のやっていることが巧《たく》まず、自然にいいことをしていて、みんなから敬われる。自然にですよ。自分が宣伝するのではなくて、そういうように徳を積むことが一番上徳なんだと、老子も言っています。

だから私たちの運動というものは、地道に、地味でいいんですよ。派手でなくていいんです。人に目立たなくていいんです。地味でもいいから家庭を壊さないで、日常茶飯事の当たり前の仕事をしながら、しかも祈りによる平和運動をやる。

それで片方では、『白光』(注1)や単行本を読みまして、自分の心を常に常に、ああ、これは消えてゆく姿だなあ。これはいいことに転化するんだなあと、『白光』を手本にしながら、自分の心を深めていく。深めながら、ああ、これはいいところだな、これは誰かに読ませたいなと思ったら、『白光』を読んでみては、と人に勧めてみる。そういうようにして、いい教えをどんどんどんどん広めながら、しかも自分が深まっていく。自分が深まりながら広めていく。

何の不自由なこともなく、何の把《とら》われもなく、何の戒律もない。自然に自由にやっていけるというのが、私たちの教えだし、それが一番いいと思うんですね。

（注1）『白光』……白光真宏会の月刊機関誌。白光誌ともいう。

把われを放つ

把われを放つことの大切さ

宗教信仰をしていて、一番大事なことは何かというと、把《とら》われを放つ、ということなのですが、大体の宗教というのは把われを作ってしまうようです。

こうしてはいけない、ああしてはいけない……そうやって把われを作ります。把われているると、病気も治らないし、貧乏も直らないし、いろいろなことがうまくいきません。

ところが人間の想いというものは、こういう想いがあってはいけない、と言われても、すぐ直るものではありません。短気などでもなかなか直らないでしょう。しかし臆病などよりは直りやすいのです。

なぜかといいますと、臆病とか気が弱いとかいうのは人に迷惑をかけませんね。短気などは人に迷惑をかけます。迷惑をかけますから、人に小言をいわれたり、注意されたりして、ああいけないな、と思います。反省しますから比較的直りやすい。しかし、臆病とか気が弱いというのは自分だけのことですから、誰も何もいわない。だからなかなか直らないわけです。

宗教の問題というのは、この世のいろいろの頭に出てくる想念、小智才覚ともいいますが、意識を根本から変えることなのです。つまり、肉体の意識を霊意識、そしてもっと微妙な波動の神の意識に変えてしまうことなのです。

肉体の自分というもの、病気している自分も、貧乏している自分も、不調和な自分も、それはそのまま、不調和な自分であり、病気している自分であり、貧乏している自分であって、それを直そう直そうとしたって直らないのです。薬を飲めば、一時病気は止まりますが、根本の原因は想いの中にあるのだから、想いが直らない限りは、本当に病気は直らないわけです。
そこで私が〝消えてゆく姿〟というのです。

潜在意識に古い習慣の想いがある

肉体の人間に執着する想い、そこから生じる習慣の想い、いわゆる臆病だとか、短気だとか、そういう想いというものは、過去世からの経験、たとえば、過去世で子供を五人うんだけれど、みな亡くしたという人がいます。その人がこの世に生まれかわってくると、子供がちょっと病気しても、非常に心配してしまうのです。それは過去世でもって、子供を亡くした経験があるからです。その経験の記憶が自分の意識としてはわからないけれど、潜在意識にはあるのです。

子供がちょっと風邪をひいても、死にやしないか、重病になりやしないか、と心配で心配でたまらない。そういうお母さん方がずいぶんおりますね。それは過去世の因縁、過去世でそういう経験をしているものだから、そういう心配が出てくるのです。ですから、はたから見ると異常なほど心配をする。

ある人は、雷さまがゴロゴロと鳴ると「ああおっかない」とふるえて逃げてしまう。それでいて度胸はいいし、事業もチャンとやっているという人がいます。その人は過去世において、雷さまに打たれて死んだという経験があって、生まれかわって来ると、雷さまが鳴るとこわくてしようがない、ということになるのです。

またある人は地震が無性にこわいという。それは過去世といわなくても、たとえば、関東大震災にあったりしていますと、地震というものをとてもこわがります。毎晩毎晩ねる前に、チャンと下着も何もそろえて枕元において、イザ、となったらサーッと逃げられるようにしておく、というような癖のついている人があります。とてもこわい経験をしているからです。こわい経験をしていない人は平気です。「大丈夫さ」って地震があってもぐうぐう寝ています。経験のある人は、恐怖の想いが因縁として残っているわけです。

それが何百年、何千年と何回も生まれかわって、潜在意識の中に溜まっているのです。

ちょっとやそっとの因縁というのではないわけです。長い間の癖になっているわけです。

戦後、急に右側通行になりましたが、明治・大正の人は右側通行がなかなか出来ないのです。つい左側にいってしまう。癖ですね。また左ぎっちょの人は、直そうと思ってもなかなか右になりません。長い間の習慣なのですね。

それが過去世の過去世からの習慣となりますと、なかなか直らない。

すべては「消えてゆく姿」

そこで私は、いっぺんそういうものはすべて消えてゆく姿と思いなさい、と言うのです。習慣に現われている人間というもの、肉体に現われている自分というものは、過去世の因縁因果によって、ここに出てきている。因縁因果で現われているのだから、みんな消えてゆく姿なのです。

在るもの、本当のものは何かといったら、神様そのものがある。神の大生命の分け命がここに（胸をさす）あるので、分け命を称して人間というのです。肉体を称して人間というのではないのです。

分け命の、霊なる命が人間であって、この肉体というのは、現われている一つの現象にすぎない。器であり、場なのです。肉体は百年もたてばなくなって粉になってしまうでしょう。命は無限に生きているのです。亡くなったら、幽霊のようになってしまうとか、人魂《だま》みたいにフワフワして、意識がないと思うと違うのです。チャンと個性を持って、知恵も知識もあるものが永遠に生きているのです。

永遠に生きているものが自分の本体なのだから、何も三十年、四十年、八十年だけの命に執着する必要はない。粗末にしろというのではありません。執着する必要がないというのです。そこで私はみんな消えてゆく姿と言うわけです。

ここに、病気のように現われている姿も、不幸のように現われている姿も、貧乏のように現われている姿も、自分が過去世からつかんでいた想いが、現われてきているのだから、病気に現われてきたら、ああ消えてゆく姿だと思いなさい。不幸に現われてきたら、消えてゆく姿だと思いなさい。現われてきたらみな消えてゆく姿だと思いなさい。――こればかり私は言うわけです。

祈りで命の交換

それで、その消えてゆく姿と思った想いを神様の中に入れるのです。ただ神様といってもわからないでしょう、見えないのだから。けれど神様のみ心はわかります。神様はみな調和して、仲良くやれというわけですから、その波長に合わせて、世界人類が平和でありますように、という祈り言葉をもって、神のみ心の中に入ってしまいなさい、と言うわけです。

そうしますと、神のみ心、救世の大光明によって、みな浄められて、日々瞬々刻々、祈るたびごとに、新しい命、光り輝いた命が流れ入ってくるのです。汚れた命と新しい命と交換してゆくわけです。

皆さんはご飯を毎日食べますね。食べたものは栄養になって吸収され、いらないものは出てしまう。循環しているわけです。そうしてこの体を維持し生長させているのですが、霊なる命の霊要素というものを知ってはいないのですね。おかしなことです。

しかし、祈りによって、悪いものはみな消えてゆく姿として、神様の中に入れてしまって、代わりに霊要素を瞬々刻々もらうのです。そうするといつの間にか霊なる人間に変わってしまう。霊なる人間に変わると、恐いものもなくなるし、貧乏や病気もなくなってくるし、すべてがよくなる。完全円満になってくるわけです。

人間は本来神様の子で、完全円満なのです。それが不完全に現われているのは、人間が自分の想いで勝手にしているのであって、神様がしたのではありません。ですから、その想いをどんどん祈りの中に入れていけば、汚れた想いが浄められた想いと交換されて、完全な姿が現われてくるのです。私は自分でそれを体験しています。

運命は変えられる

私は姓名学でみても、三十才ぐらいで死んでしまうとか、親子や家族の縁が薄いし、人が集まらないで、淋しい生涯を送るというのです。ところが三十才をすぎましたら、私はよくなってしまったのです。三十までは苦労したけれど、三十すぎたらよくなって淋しいどころではないですよ。私に逢いたい逢いたい、という人がたくさんいらっしゃるでしょう。こんな淋しい人がどこにありますか。淋しくもなんともないでしょう。賑《にぎ》やかです。

運命が変わってしまったわけです。どうして変わったかというと、過去世の因縁の波をこえてしまったからです。そんなものは消えてゆく姿にしてしまっている。私は想念停止で空《くう》になってしまったから、小我というものがなくなってしまった。どこへ行ってしまったかというと、神様の中に入ってしまったのです。ですから因縁因果から出る運命学のソロバンに合わなくなってしまったのです。そして、神様の命がそのまま生きているわけです。

私が出来たことを、皆さんが出来ないわけがないでしょう。皆さんも出来るのです。ただ、私は想念停止という、歩くのでも、しゃべるのでも、何をするのでも、何も思わないでやる修行をさせられ、さんざん苦しみました。私はそれを皆さんにしろ、というのではありません。出来ないと思ったので、消えてゆく姿という想い方をして、徐々になしくずしに借金を少しずつ払うように、病気が現われた——ああこれは過去世の因縁の消えてゆく姿、貧乏になった——ああこれは過去世の因縁の消えてゆく姿、嫌な想いが出た、これも過去世の因縁の消えてゆく姿。というように、すべて、過去世の因縁の消えてゆく姿として、守護霊、守護神への感謝とともに、世界平和の祈りの中に入れてしまうよう、皆さんに説いているわけです。こうしますと、どんどん変わります。

同じ病気をしたって、病気を恐れないし、把われません。また、人に悪いことをされても、ちょっとは嫌な気がしますけれども「ああこれは消えてゆく姿だ、過去世の何かの因縁が和合して消えてゆくのだ」とスーッとあきらめられます。流せます。ということは、把われがなくなってくるということです。把われがなくなると、生命が自由になる。これが宗教の極意なのです。

自分を責めず、ゆるしましょう

人間というのは、大体、肉体にある人は不完全なのです。肉体の人間で完全円満はありません。霊なる生命が完全円満なのです。肉体人間の不完全さは誰にでもあるのだから、それは消えてゆく姿にして、放すことです。

あいつが悪いとか、あの人は信仰が薄いとか言わない。信仰が厚いも、薄いも過去世の因縁ですから、どうこう言われたって仕方がない。信仰の厚い人は、徳があって有り難いことだから「私は信仰が厚くて有り難いなァ」と思えばいいのです。信仰の薄い人があったならば、先輩やまわりの人が、かげから「あの人の天命が完うされますように、どうか信仰深い人になりますよう」と祈ってあげればいいでしょう。

あらゆる面に愛の想いをかけて、自分も赦《ゆる》し人も赦し、自分も愛し人も愛し、そして祈り一念に生きるということが、宗教の根本なのです。

この頃、私の書いた本が本屋さんに出ております。そうすると、本を読んだ人が感激して、手紙をよこします。今までの宗教には、こうしなければダメだ、ああしなければダメだ、があります。私のにはありません。消えてゆく姿で世界平和の祈り、この一本です。そこに人々がひきつけられる。簡単な言葉で、やさしく説いていますから行じ易いのです。ところが内容はぐうんと深い。

というわけで、今日の話は、把われを放つということ。しかし把われをなかなか放すことは出来ないから、その把われを持ったままでいいから、世界平和の祈りの中に入りなさい、そうすれば、みんな解脱して、きれいな明るい人間になりますよ、ということです。

自然法爾《じねんほうに》に生きる

善いことにも把われてはいけない

あんなにいい人が何故苦しんでいるのだろう。いいことばかりしていながら、人のために災難を被ったり、人に尽くしても悪く思われたりするんだろう、ということがあります。

それは過去世からその人の想いが、自分が犠牲になってもいいから人のために尽くしたい、なんとかして尽くしたいという心がたくさんある場合に、悟った境地でサラサラと流していれば別だけれども、それに把われている場合は、いいことをしながらも、この現象世界ではあまりいいことがなくて、悪いことが続いて起こるようなことがあるのです。

それは総合的に、魂の世界、生命の世界から見れば悪いわけではない。早く業を消して菩薩行しているわけですから、魂の位《くらい》としてはずっと高くなる。立派になる。けれども現象世界ではつまらないことになるんですね。

いいことをしたいしたいとあまりにも思って、生まれ変わってくる。今生においてもあまりそう思っていると、いいことだけれども、それが表面的にいいか悪いかわからないうちに、ただ業だけ背負ってしまうようなことがあるわけです。業を祓《はら》って苦しんだりすれば、それだけ魂的には浄まりますから、魂的には上がります。

魂の面ではいいけれども、肉体生活の面でははなはだつまらないことになるんですよ。だから善行をするのにも、あまり把われてはいけない。急いで急いで、いいことをしなければならないとやってもダメなんです。つねに悠々として、しかもおのずから自然法爾にその人の動くことがいいことになってゆく、人のためになってゆくというような人間になるために、世界平和の祈りをしているんです。

世界平和の祈りにしても、ふんわりとのんびりと〝世界人類が平和でありますように〟

と、神様の大光明のエレベーターのドアを開け、あるいはダイヤルをひねって、その中に入っていさえすれば、自分の体を通して光が流れていくんだよ、と説いていますね。だからあんまりキューッとつめてやらなくても、自然な姿で、日常茶飯事、ご飯を食べるような形で、世界平和の祈りをすればいい、と教えるわけです。キューッとやるよりも、自然な形でやることが、行動が自然に活発になってくるのです。

本当の意味で、神様のみ心の中に入っていれば、その人は動かないではいられない。しかも無駄な動きはしない。動いているけれども無駄ではない。すべてがピッピッと叶ってゆくように、自然になるわけです。

あまり自分の肉体の想いのほうで、こうしなけりゃならない、ああしなければならない。いいことをしなければ。ああこれは悪いこと。そういうふうにいちいち計ることはあまり上等なことではない。いい人がいいことをしようという気持ちはいいけれど、あまりそれにこだわると、自分の身がつまらないことになる場合もあるわけです。

愛国心に燃えている、あるいは人類愛に燃えている。燃えているけれども、あまり夢中になりすぎると、自分の意志と違うこと、たとえば内閣が自分のやっていることとは反対に、アメリカとばかり結んで、それで戦争にもっていきそうな気がする、と自分で思うと、そういう人は夢中になって内閣と戦うことになります。それでそういう人は幸せかというと幸せそうじゃないんです。そういう人は貧乏もするし、いつも何か不安で、燃えて動いていなければいられない。だからいつも緊張して、やらなきゃやらなきゃとやっている。そうやっていて幸せかというと、幸せそうに思えても、そうじゃない。

心は悠々としていて、それで動きがピシピシと的を射ている。そうじゃないとだめなんですね。いつも焦って、いつも悲愴な気持ちで、愛国心だ、人類愛だとやっているのがいいとは限らないんですよ。そのお返しがくるんです。それは把われているわけですね。

自然法爾の生き方

生命はスースーと流れ、サラサラサラサラ流れているのに、こちらがあまり激しく動くと、運行が狂ってくるのです。だからあまり物事を激しく考えるものでもなければ、あまり把われるものでもないんですね。

もっと自由に、天から受けた生命を天命を果たすために、そのまま、自由に神様お使いください。という気持ちで、現われてきたことに対処し、日常生活を自然にやるのがいい。世界平和の祈りの道に入った人は、日常茶飯事に、寝るも起きるも、食事をする時でも歩いている時でも、自然に世界平和の祈りをやりながら、あとは流れてくるというような形で、現われて来た事態に対処すればいいわけです。そういう自然な流れがいいんです。それをいつも老子は説いているわけですね。〝無為にしてなせ〟と。法然親鸞は自然法爾と言った。南無阿弥陀仏と自然に流れていけばいいということになる。

みんなが自然法爾に、無為にしていれば、世界はよくなるんだけれども、なかなかそういかないでしょう。だから気がついた人だけでも自然法爾、無為、神のみ心のまま、自由に大らかに伸び伸びと生きて、しかもその生きていることが人のためになる、という生き方にしなければいけませんね。それが消えてゆく姿で世界平和の祈りなのです。

あんまりギュッギュッとやるのはよくない。心に余裕を持たなければいけない。私などもギュッギュッとやったら生命はもちません。肉体的にはかなり貧弱な私が、相当働いてもっている。何故もっているかというと、あんまりギュッギュッとならないからですよ。いかにもなっているように思える時があっても、ならないんです。若い時は燃えて燃えて燃えぬいた時代がありました。それを超えて、天のほうから帰ってきた時には、そんなにギュッとはならないわけです。世界情勢など思う時なんかカーッと燃えてくる時もあるけれども、それがスッと消える。その時は燃えるけれども、スーッと冷静になる。また燃えて静かになる。それが自然に自由に、燃えたり静かになったり、燃えたり静かになったりやっているわけです。だからもっている。

燃えて燃えて燃えて燃えきっちゃったら、年中、みんなや幹部の人をどなりつけて「おまえたちは何をしている！ 寝ているのか覚めているのか！」とやらなければならないでしょう。「こんなにいい運動しているのに、このくらいの人数じゃ一体どうするんだ！」なんて年中やっていたんでは、こっちも体がもたないでしょう。けれどそれがそうならない。言う時もあるけれど、ふだんは言わない。

歯ぎしりしてやっているような形では、長持ちしません。大きな運動というのは、常に長い目を持って、悠々とした気持ちで、しかも寝ていたんじゃ仕方がないんですからね。

おまかせすれば、働きたくなる

宗教の教えをきいている人はとても片寄る人が多くて、〝神様におまかせすればいいんです、全託なんです〟と言うと、全部おまかせしてしまったような気持ちで、やるべきこともやらないで、常識的にやらなければならないこともやらないで、悠々としている人もあるんです。それはおまかせじゃない。やるべきことはやらなくてはいけない。

ご飯は炊かなけりゃ食べられないのに、自然に炊けちゃって、出来ちゃう。どこからかお金でも飛んで来て、なにか奇跡的にパッと現われるような感じがしている。極端ないい方だけど、そういう人があるんですよ。

おまかせするということは、神様の中に入ることです。神様のいのちは生き生きと動いているんです。そしてすべてを生かす働きをしているんです。そこへおまかせすれば、すべてを生かすために働かなければいられなくなる。動かなければいられなくなる。

日常生活というのは基本的なことです。誰でも当たり前の人がやることをやるわけです。宗教を真実に行じていれば、当たり前のことをやっていて、当たり前以上になってゆくわけです。当たり前より下がったところがあったんじゃダメでしょう。ふつうの人より上がったところもあるけれど、下がったところもあるというんじゃ、これはだめですよね。それは宗教精神じゃないんです。

当たり前のことを標準にして、当たり前以上に動いていなければ、これは宗教精神として立派だということにならないんです。当たり前の線が一つあって、それをいつの間にか越えている、そういう生き方に自然になることです。

それを日常生活を放り出して、ただお祈りだけではいいわけがない。日常生活もちゃんと出来るということでなければだめです。私は常にそれを気にしているんです。

凝《こ》っては思案の外といって、凝りすぎては困る。といって、ある程度の熱意がなければ何も出来ない。だから熱意を持ちながら、しかも把われないで常識の線に生きながら、常識を超えているという生き方を私を教えているわけです。世界平和の祈りを本当にやっていれば、自然にそうなってくるんですよ。

おのずからそうなる。そうならなければそれはどこかが違っているんだ。いけなかったなと考えて、平和の祈りのやり方をやり直してみるといいです。

当たり前に生きる

常識の線は当たり前で説く必要はない。朝起きて顔を洗うのは当たり前だし、顔を洗わないでご飯を食べたら常識ではない。お金を得るために働くのは当たり前だし、働かないでお金をもらうというのは、子供や親がかりの人は別だけれど、ふつう独立した人では常識ではない。男が働いていて女の人が家庭にいる。そういうのが当たり前で、男が遊んでいて女が働いて食べさせているのでは当たり前じゃないでしょう。これは常識外です。特別すごいことをしたり、特別に発明などしている、とかいうのはまた別です。

そういうようなことは常識です。誰でもわかっていることだから、いまさら説明することもないわけですね。宗教の世界というのは、その常識のところに基盤をおいて、しかも超常識になって常識を超えてゆく。そういう生き方が必要なわけです。常識からはずれているか、はずれていないかをよく見きわめたらいい。そういうことを常に思う必要があると思うのです。

たとえば夫が早く帰って来た。ご飯がまだ出来ていなかった。「早くめし炊けよ」「あなたの働くのは会社のことで、そんなことなんでもないですよ。私は重大よ。私は世界平和運動をしているんだから、ご飯なんか勝手に炊きなさい」と言うんじゃ、これは常識をはずれています。いくら運動をしていたって、ちゃんと夫の帰る時は帰っていて、ご飯もちゃんと支度していて「ハイお帰りなさい」って知らん顔をしていればいいんですから。昼間運動をやったってわからないんですから、夫の心を傷つけないようにしてやればふつうでしょ。

たとえば五井先生だの、斎藤先生だのが自分の夫より偉いと思っていても、夫をほめないで、五井先生は素晴らしい、斎藤先生は素晴らしい、○○先生は素晴らしい、あんたなんか何よってことになったら（笑）、どんなやさしい男だって五分の魂があるから、自分の知らない男をほめて、自分のことをけなしたら、そんな宗教よせ、ということになりますよ。だからそういうことをすべきじゃないんです。

ご主人と私とそう親しくない場合、奥さんがご主人のいる前で、五井先生は素晴らしくて、五井先生は……とやられると、ご主人に対して申し訳けないから、私はご主人にペコペコしちゃうんですよ（笑）。男性をたてようと思って、向こうの気持ちを悪くさせまいとして一生懸命向こうをたてます。そういうのも常識なのですよ。

自分の夫の前で、他の男性をほめちゃいけません。どんな男でも嫌がるから。おそらく私なんかうちの女房が「あなたよりあの人はとても立派よ」と言ったら「なにを生意気な、出ていけ」（笑）って、本当に甲斐性のある男ならそうなるんです。いくら宗教で偉くたって、自分の夫をないがしろにしてほめる、というのはよくありません。そりゃ夫のことはもう安心しちゃっているから、そうやるんだけれども、それはいけません。逆を考えたらわかるでしょう。それは常識をはずれているんです。いくら宗教がよくても、それとは別問題。

宗教というのは、精神状態がしっかり常識の世界を土台にして、それで常識を超えていって、行ないが誰からみても素晴らしい。あの人はなんて立派なんだろう。あの人の雰囲気はなごやかで、暖かくて、あの人ならなんでも相談できる、というような人間になることが必要なわけです。

だからまず夫や子供の相談相手になれるような、お母さんや妻になる、あるいはお父さんや夫になるということが必要なんですよ。それが一番だと思うんです。それを中心にして運動や活動をするんです。

魅力のある人間になる

私などもっとも常識的なのです。他の宗教の人が来ても、東大教授が来ても、〝先生はみるからに常識的だ〟というくらい。常識的でないと向こうは信用しないんです。それで私はわざというくらいに常識的にしているんです。それで中身はすごい超常識なのですから、他の人とはまるっきり違うわけです。

他の人は人の心もわからないし、運命もなにもわからないでしょう。目の前のことききりしかわからない。私のほうではわかっている。これは超常識です。だけどそんなことは一つも、素振りにも出しません。当たり前にしている。そこはむずかしいんだ。けれどもそれをやらないことには、本当の立派な人とはいえないのです。

皆さんの場合には、まず自分の家の旦那様なり、奥様なり、子供さんなりに、ああうちのお母さんぐらいいいお母さんはない。うちのお父さんぐらい立派なお父さんはない、と思われる人間になる。近所の人たちから、あの人はおかしいわよ、宗教に凝っちゃってなんでしょう。というんではなくて、ああ宗教やっているだけに立派だなァ、あの人はなんて立派なんだろう、というふうになれば、おのずからその人の話すことを向こうが聞きます。それで仲間も増えてゆくわけですよ。そういうふうにしなければダメですよ。

やっぱり魅力ある人間になる。そういうことが大事だと思うんです。魅力のある人間というのは、つねに常識的であって、しかも常識を超えている、ということです。ふつうならば、金銭に打算的です。それが常識です。しかし金銭に歯切れがよくて、切れ味のいいという人、金ばなれのいい人だったらやはり魅力がありますね。暖かい感じの人に、魅力を感じる。ふつうだったら怒るようなこともニコッと笑っていられるような人には、やっぱり魅力を感じる。

そういう魅力が自然に出てくるのも、やっぱり世界平和の祈りなんですね。だからまず自分の夫とか、妻とか、子供とかで試してごらんなさい。

皆さんは家庭の人というとみんな安心しちゃっているのね。子供でも夫でも妻でも安心している。ところが皆心の中に、安心ならないものを持っているわけです。お互いがね。

だから家庭のこともやりながら、しかも祈りによる世界平和運動でも出来るようになればいいわけです。それはいくらでも出来ると思うんです。家の仕事でも、手を抜いたらわかってしまうようなところは抜かないで、わからないところで手を抜いておけばいいじゃないですか。そうすれば家の中もうまくいき、平和運動も出来るということになるのです。

常識の幅を広げよう

常識というのは？

〝常識〟という言葉を私たちはよく使いますが、じゃ常識というものはどういうものかというと、具体的に説明しようとしても、なかなか出来ないと思います。

そこで文字から判断しますと、『老子講義』にも書いてありますけれど「常」というのは神様の奥の深い心をいうのです。ですから、神様のみ心の奥の深い心を現わしている知識とか意識とかいうものが常識なのです。神のみ心を現わしている想い、行ないが常識の想いであり行ないであるわけです。

ところが今では、ズーッと下にさがって、肉体の人間がお互いに楽に暮らして、傷つけ合わずにみんなが平安に生きていけるように、というこの肉体生活だけを考えているのが、常識というようになっています。

たとえば、封建時代には殿様に従うのが武士のつとめであり、武士の下に百姓や町人がいて、侍のいうままに百姓や町人は従っていました。その時代にはそれが常識でした。また、親子は一世、夫婦は二世、主従は三世というようなことわりみたいのがありました。主従はいちばん縁が深いんだというようなことを常識のようにしていたこともあります。現代からみれば実にバカバカしいことですね。士農工商という階級制は現代からみればおかしな話になります。

そのように、今使われている常識というのは、時代時代によって、あるいは国や民族によって違ってくるわけです。ところが本当の常識というのは、国や時代によって違うものではなくて、永遠に変わらないものなのです。そういうことになりますと、常識の範囲がグーッと広がりまして、私たちのいう超常識に入ってしまって、ふつう考えている常識ではないのです。本当の常識というのは超常識といっていることなのですけれど、そこまでまだ広がっていかない、せまい範囲の常識が今の常識であるわけです。それでも常識の通りに従っていけば、世の中はかなり乱れないですむわけです。

ところが、残念ながら常識を外《はず》れていることがずいぶん多いわけです。たとえて言うならば、子供が親に孝養をつくすのが当たり前ですね。常識です。私どもの考えでは、子供が親に孝行をつくし、長上の人に対して素直にハイと命令をきくのが常識です。ところが今は、目上でも親でもハイときかないのです。自分の言いたいことをいう、目上であろうが親であろうが、課長であろうが部長であろうが、平気で言いたいことをいう、というようなことが常識のようになってきています。

明治・大正の常識と昭和の常識は違いますし、昭和の初めと現在の昭和の年代の常識とも違ってきています。常識が狂ってきているんです。明治・大正に生まれた人は、今の若い子供たちがやっていることは、常識はずれのことだと思う。ところが若い人たちはそれが常識だと思っている。そこに見解の相違が出てくるわけです。そういう当たり前のせまい常識からいきますと、やがてはどうにもならないような、自分たちの都合のいいような方向に持ってゆく形になってしまうのです。

ですから、今の常識というものをだんだん広げていかなければならない。ズーッと深い、広いいわゆる源のままの本当の意味の常識にもっていかなければならないわけです。そうもってゆくためにはどうしたらいいか、というと、その方法には宗教というものもあるし、科学というものもある。そういう深い宗教、深い科学が常識を広げてゆくわけです。

常識の根本は思いやり

それはひとまずおいて、現在の常識とはどういうものかというと——

お互いが他人に迷惑をかけ合わない。他人の嫌がることはしない。

他人に迷惑をかけることはしない。これは良心に従っているわけです。良心というのは、魂の奥から願っていること、神様のみ心でもあるわけです。

他人が嫌がることはしない、これも常識だし、いいことです。本心の願っていることです。自分もおかさないけれど他人もおかさない、これは常識です。他人を傷つけない、お互いに傷つけ合わない——これも常識です。それから人が挨拶した時には、たとえば「お寒《さむ》うございます」と挨拶されまして、自分はちっとも寒くない時「寒くないや、暖かいじゃないか」なんて言ったら、非常識ですね。自分は寒くなくても、ふつう一般が寒く感じていたら「そうでございますね。お寒うございます」と言います。自分が暑くなくても「お暑うございます」と挨拶されたら「そうでございますね」と言いますね。これは常識の応対です。

ところが自分の感じのままでいえば、寒さ暑さというのでも違うわけです。寒さ暑さをよけい感じる人と、寒くても暖かく感じる人とあるわけです。一人一人が違いますから、片方が寒いといっても、自分は活気があるから寒くない。だから「寒くない」と言ったのでは相手と和合しない、これは常識はずれになります。ということから、常識の根本というのは、やはりお互いに思いやり合う、嫌がることをし合わない。自分がしてもらいたくない悪いことを、嫌なことを人にもしない。ということで、本当は良心の従うまま、神のみ心のままに何事もすることがいいわけです。

常識をもっともっと広げていくようにしますと、今、使われている常識のままでは困るようなことがずいぶんあります。熱があるとすぐ熱さましの薬をのむ、咳が出ると咳止めをのむ、注射をする——これが常識で科学的と思われています。

常識を広げてゆくと

ところが、この常識というものをもっと広げて考えると、肉体の五臓六腑というのは神の摂理として、生命力の働きとして、悪いもの、たとえば毒素がたまったら、毒素を排除するために、固まった毒素を熱でとかして、咳にしたり痰にしたり鼻水にして出しているわけです。

肺をおかしているもの、あるいは心臓の働きを邪魔するもの、腎臓の働きを充分にさせていない毒素というのには、疲労素もあるし、食物からくるものもあるし、大気からくるものもあるし、いろんな想いが固まって出来ているわけです。肉体の働き、新陳代謝を阻害する想いが毒素になって体のなかにたまっているわけです。それが古くなると、固まってしまう。固まったままでは心臓なり肺臓なり、内臓が動きにくくなってしまう。そこで肉体の内部に働く神の摂理が、私流にいえば守護神さんが活動して熱を出させる仕組みになっているわけです。あるいは下痢にして出してしまう、というわけです。ですから熱は敵ではなく、本当は味方なのです。

今のふつうの常識では、熱が出たら大変だ、さまさなければ大変だと、毒素をとかしているという重大な事実に気がつかないで、風邪をひけばすぐ薬、熱が出ればすぐ熱さまし、咳が出ると咳止め、というように考える。

実際は今も話したように、自然の摂理であって、生命力が毒素をドンドン出すために、熱が出たり咳が出たりするわけです。ですから毒素を体の外に出すのを助けて、二日間熱が出るものとすれば一日ですむような、そういう療法をすればいいわけです。あるいは、熱が出なくても、毒素がとけてゆくようなそういう手助けを人間がすれば、自然の摂理と人間の力とがマッチして、治ってゆくのです。

熱が出たら熱だけをさませばいい、咳だけを止めたらいい、という常識が最近は崩れてきて、それではいけないんだとお医者も言っているようです。東洋医学あるいは民間治療家でも、いろいろと研究して、体の常識、薬の常識、医学の常識がせまい範囲から、深く広く変わってきつつあります。

現代の日本人は薬の飲みすぎといわれています。せまい範囲の常識があるために、かえって肉体の健康をこわしていることがあるのです。

食べ物の問題でもそうです。栄養の問題、味覚の問題、いろいろあります。砂糖なり、調味料ですぐ味つけをしますが、本当はあまり味つけをして食べるよりも、味をつけないであるがままに食べたほうが体には適応することもあります。栄養をとらなくてはいけない、それには動物性蛋白だ、というけれど、菜食のほうが日本人の体に適応する、ということもあります。けれど、それは常識にはなっていません。そのように、常識であるために、かえって人間の真価を妨げているようなことがあります。

人間の生と死についての新しい常識

さらに常識を広げ、深めていきますと、人間は七十なり八十なり（せいぜい百才ぐらいまでですが）になれば、肉体は死んでしまうわけです。死んで花実が咲くものか、という俗の言葉がありますように、死んでしまえばその人はいなくなってしまうんだ、生命がもう全くなくなってしまったのだ、というのが常識になっています。ところが、肉体が死ぬということは、単に自分の生命というのものが、霊魂といってもいいですが、肉体をはなれて、他の世界で生活することなのです。肉体がいらなくなったから、肉体をはなれただけであって、生命が死んでしまったわけではないのです。その人自身がなくなってしまったことではないのです。それが本当のことなのです。

肉体が死んでしまえば、その人は終わりだ、という常識がいつまでも続いている限りは、人類は今以上に進歩することは出来ないのです。

人類の進化にとって、一番大事なことは何かというと、肉体というものは単なる人間の生命の器であり、働き場所であって、人間というものは肉体ではない、生命自体なんだ、それは霊界にも神界にも無数の階層があって、肉体をはなれれば霊の世界で自由に悠々と活動できるものなのだ、ということです。そしてそれが人間の本体なのだ、ということなのです。こういう深い常識、深い神の御心が人間にわかってくるようにならないと、この世界はいつまでたっても立派にならないのです。

深く広くなる人間観

「人間は本来、神の分霊《わけみたま》であって」と教義(注2)にも書いてありますように、人間は神の分霊、分け生命であって、神そのものでもあるんです。神の大生命から分かれでた生命が、霊界を通り、幽界で働き、肉体界で働いて、何回も何回もこの肉体世界に生まれかわり、霊界へ還ったり、神界に還ったりぐるぐるとまわって経験をへて、やがて神様のみ心の中でまた自由に活躍できるのです。本体はいつも神様のなかにあって働いているのです。だから肉体がなくなっても死んだのではないのです。この肉体のいのちがなくなったから、その人がいなくなったのではなくて、永遠に生きているんだ、ということをすべての人間が知らなければならない。そう知ることがまず常識を広げることになります。

これが間違った想いをこえて超常識になって、本当に神のみ心がわかるために一番大事なことなのです。

ふつうの常識でいいますと、人間は肉体がここにありまして、自分だけで生きていると思っている。五尺何寸の人間がここに生きて、自分で活躍している、自分で考えてやっていると思う。ところが実はそうではなく、この肉体の一人の人間が生きているということは、守護霊とか守護神とか、先祖が加護してくれているとか、大勢の生命がその人に働きかけて、立派に生かしてくれているということなのです。

ふつうの考えですと、そんなことはない、俺が生きるのは俺の力で生きるんだ、俺の自由を妨げる奴はやっつけてしまえ、ということになります。自分の生命だ、肉体の自分の生命だ、と思っている。これが常識ですね。ところが肉体の自分の生命じゃないのです。肉体というのは、単に現われている道具にすぎない。本当の生命は奥の奥のほうで考え、導いている生命の本体なのです。俗に魂といいますか、霊そのもの、生命そのものが自分なのです。それがわからないで、にせの自分、仮の肉体に現われている自分だけを、自分だと思っている。これが一般の常識です。

非常識をなくして超常識へ

神様があるということを信じ、尊いものだと信仰していても、肉体の自分は自分だと思っている人がいます。これは自分だ、自分がやっているんだ、と思っているのです。神様の応援はあるけれども、守護霊だとか守護神だとか、先祖が守っているなどということはわからないで生きている人が多いわけです。ただ単に信仰しているといっている人の中にも、そういう人は多いのです。

仏教徒の中などにもいます。真宗で南無阿弥陀仏と教わっているけれども、たんに知識として経文を教わっているけれども、実際には、人間が死んで、西方極楽浄土にゆくなどということを信じてないお坊さんがたくさんいます。仏教学とか宗学にはすぐれているけれど、死んだらそれでおしまい、無霊魂説を信じている人がずいぶん多いのです。

そうした間違った常識を改めてゆき、超常識にしていって、本当の意味の常識、神様のみ心を現わすという常識にまで広めていかないと、本当の常識がそこに生まれてこないのです。

今の常識というのは、いいこともあります。しかし人間の進化を妨げることもあります。いいものはそのまま残しておいて、どんどん常識を広めていかないといけません。そういうことがわかるまでは、やっぱり人を傷つけてはいけないという常識、自分がしてもらっては困るということはしない。お互いが愛し合って、お互いがいたわりあってゆくという常識を主にして、それに加えて神のみ心を現わす方向に、宗教的な生き方、あるいは新しい科学の生き方にだんだん結びつけて、常識を広げていくことです。そうすると本当の人間の世界が出来るわけなのです。

今のままの常識では困るけれども、非常識よりはいいのです。自分は自分だけなんだから人なんかどうでもいい、というのは非常識です。あんまり宗教に凝るのも非常識になります。たとえばある宗教団体があって、他宗はみんな邪宗だ、自分の宗教団体だけがいいんだ、と折伏《しゃくぶく》しに大勢が人の家に押しかけてきて、夜遅くまで上がりこんで、人の自由をしばり、仏罰とか天罰とかいっておどしたり説教するようなことがあったら、これは非常識です。こういう非常識は一番困ります。

非常識をなくし、改めていくと同時に、常識の幅を広げてゆく、そうすることによって、人類が立派になってゆくのです。

（注2） 教義……「人間と真実の生き方」。巻末参照。

第2章

大らかに生きる

悠々とした人間になる

本当にわかっているか〝消えてゆく姿〟

皆さんは、消えてゆく姿で世界平和の祈り、ということの教えを知っていらっしゃいますね。けど、消えてゆく姿というのを、本当に知っているかなーと思う場合があるんです。どうして消えてゆく姿というのが出たかというと、この肉体の世界というのは、実在の世界ではないのです。いつも言いますように、現し世《うつ》と言います。想いの世界が映って現われているのがこの世界なの。本当にここに在るんじゃなくて、現われている世界なんです。何故現われている世界かというと、たとえば運命学という学問があります。姓名学とか四柱推命学とか気学とかいろいろあります。その学問によると、二歳、三歳の時に未来のことが大体画《えが》かれている、といいます。それは当たり外れはありますよ、けれど大体画かれている。画かれた通り大体現われてくるわけです。

ということは、すでに何の誰兵衛、何の誰某《だれがし》という世界がおおよそ出来ている。それで順序よく現われてくるわけです。現われるとそれが消滅してゆく。仏教では諸行無常といいますね。現われて変化して消えてゆくわけです。だからどんな姿といえども、どんな事柄といえども、現われれば必ず消えてしまうんです。

第一肉体が消えてしまいます。八十になり九十になれば、やがていのちが肉体から去って消えてしまう。一番自分たちが大事だと思っている肉体さえも消えてしまう。だから事件事柄というのもみんな消えてしまう。みんな過去になってしまう。あるいは消えてなくなってしまう。だから消えてゆく姿というものが本当にわかっていますと、把える、つかまえる、執着するものがなくなってくるんです。自分の肉体さえも消えてゆく姿なんだから、やがて消えてしまう。必ず消えざるを得ないわけです。

肉体のことだけを思い煩う愚かしさ

千年も二千年も生きている人はないし、せいぜい百年です。単に百年間の肉体です。宇宙は無限億万年、億万年というだけでも大変なのに、無限がつくのですから、無限億万年の中の百年間など、ほんの一瞬にすぎない。フッというだけの一瞬です。その一瞬のために、あらゆる悩み事を出して苦しみ、もだえ生きているということの馬鹿らしさ、愚かしさというものはありませんね。そうでしょう、たかだか百年だけのために、苦しみ、もだえ、悲しんで生きてゆくというのは、愚かしいですね。

どうせ苦しむのならば、千年、万年、億万年のために、一生懸命、苦労辛酸をなめてゆくならわかります。実際問題として、人間のいのちというものは、無限億万年生きるんだから、たかだか百年のために全部出しきっちゃ損だ、というわけです。わかります?

もっと奥へ還ってゆくと、大宇宙神がありますね、宇宙がある。一なる絶対神があります。絶対神のみ心でもって神界も出来たし、霊界も出来たわけです。神界というのは微妙な波動のところ、霊界はそれを少し粗くしたところ、幽界というのはもっと粗くなったところなのです。一なる神様がいろんな神様に分かれて、神界も創り、霊界も創り、幽界も創った。現在は、地球だけに限っていえば、地球の肉体界を今創っているわけでしょう。肉体界を創りつつあるわけです。

どうして肉体界を創ったかというと、生命が物質の世界に働く場合には、物質に合わせたものを創らないと、神様の命がそこで生きない、働けないわけですよ。だから物質界に合わせて肉体というものを創って、その中に神様の命として入って来ているわけです。だから肉体は創られたものだけれども、その肉体を動かしている皆さんは本当は神様なんです。分生命というでしょう。太陽が照っている、太陽が神様とすれば、人間は太陽の光線なんですよ。それが皆さんの本体であり、本質であって、肉体は単なる器であり、場であるにすぎない。だから肉体のことばっかりでもって思い煩うのは愚かしい、というわけです。

分かれた命の光線が自分

命の元が大神さま、分けられた命の光線が自分なんです。だから、自分の本体本質に自分の想いがピッタリくっついて、肉体の自分を駆使して、この地球世界を開いてゆくというのが、本当の生き方なんです。ところが現在までは肉体の自分のために、肉体の人類のために、命が無駄になってしまっている。肉体の人類のためだけに命をけがし、汚して想いを満たして苦しんでいるわけ。本当の生き方と反対のことをしている。だから本当に世界がよくなるためには、神のみ心が現われるためには、自分の本質である命を生かすほうが先なのです。

そこで私どもは、みんな現われているのは消えてゆく姿、消えてゆくに従って本当の命が現われるんだから、把われたら把われたでいいから、それを神様のみ心の中で消してしまいなさい、消していただきなさい。消すためにはどうすればいいかというと、この地球世界が完全になるためには、みんなが平和にならなければならない、平和になることを神様も願っていらっしゃる。神様のみ心が平和世界の実現なんだから、神様のみ心を実現することが世界平和になることだ。だから世界人類が平和でありますように、と自分のほうで思えば、その想いが神様の心と一緒になって、本来の自分の命が現われてくるんだ。とこう話すわけです。

現われてくる悪いことや、嫌なことなどすべて、過去世の因縁が消えてゆくんだ、肉体として現われて来た不自由な姿が、どんどんどんどん純化して消えてゆくんだ、消えてゆくに従って人間の命の本質がそこに現われて来て、やがて平和世界を創る土台の道が開かれるんだ、というわけで、消えてゆく姿で世界平和の祈りというんですよ。

だから、肉体の自分、自分と思うものを『あー自分は命なんだ、太陽光線のような自分なんだ、太陽のような自分なんだ、自由自在の自分なんだ、神様と一つの自分なんだ』といつも自分に言い聞かせることが必要ですね。もっとわかり易くいえば『守護霊さん守護神さんに守られている、神様の中で生きている自分なんだ、自分は永遠の命なんだ』といつもいつも自分に言い聞かせるんですね。そうすると小さなことに把われなくなります。

小さなことは、なんでもいいと思うんです。悠々と大きい自分になってくるわけです。そうして、世界人類が平和でありますように、という祈り言《ごと》をいつも思っていらっしゃるといい。そうすると、世界人類という大きな幅の中で、自分の想いが生きているわけでしょう。命が生き生きと生きることになるんですね。

自分が大事ならまず相手に与えよ

自分のことを思うならば、まず世界人類の平和を祈るんですよ。そんなこと先生おっしゃるけれども、自分のようなものが世界人類と思うよりも、まず自分のことを思っちゃいますものねェ、ってみんなやってるわけ（笑）。世界平和はいいということがわかるけれど、自分が第一ですものね。けれど、自分が大事だと思ったら、まず相手に与えに行ったほうがいいですよ。世界人類が平和でありますように、という愛の祈り、愛の言葉で、自分の心を純化してゆく。そうすると自分の運命が自然によくなってくる。何故かというと、自分も世界人類の一人なんです。世界人類が平和でありますように、という愛の祈りをすれば、愛の祈りがそのまま自分のほうに還ってくるわけです。

地球がグルグル廻っていると同じように、自分が発した想いは世界を廻って、自分に還ってくるのです。自分がよかれと思うことも、人がよかれと思うことも、すべて世界人類が平和でありますように、という人類愛の想いで生きていれば、それは必ず自分に還ってくる。人にも還ってゆくのです。これを続けていれば、立派になるに決まっている。実際長い間やっている方は、随分立派になっています。見違えるように立派になっている人がありますす。あの人偉くなったなーと思います。そういう先輩のことを手本にして、新しい方はやってらっしゃるといいですね。

昔より今のほうがよくなっている。素晴らしくよくなった人もあります。世界平和の祈りをひろめるならば、やっぱり自分が立派になることが必要です。自分が立派になりたいならば、いつも消えてゆく姿で、あらゆることに把われないで、世界平和の祈り一念で、しかも日常茶飯事の当たり前のことを、当たり前に一生懸命やらなければだめなんですよ。

「私は世界平和の祈りをしているんだから、何もしなくたっていい」なんて、旦那さんが朝出かけるのに、寝床の中で「行ってらっしゃい、バイバイ」(笑)。それじゃ、ダメですね。

だれでも大きな魂に変化していく

そういうように、自分は平和の祈りをしているから、日常茶飯事のことをしなくていいというんじゃない。日常茶飯事は当たり前にしていればいいんです。常識の世界の中で、日常茶飯事のことをしていながら、根本はいつも、世界人類が平和でありますように、と祈っていらっしゃれば、その人の生き方というのは大きな大きな生き方になる。

たとえば、本来から魂の大きい人がいたとする。それで悪いことなんかして、汚れているとします。別に、本来魂の小さい人がいて、宗教やって平和の祈りをやったとする。魂が小さいなりにきれいになって、世界人類を祈って神々の命と一つになってくるわけです。

すると小さいように見えても、神々の命と一つになるから、大きな大きな魂に変化してゆくわけです。だから気の小さい人も、平和の祈りを一生懸命していると、だんだんだんだん気が豊かになって来ます。やっぱり気が大きいほうがいいですよ。心は明るいほうがいいですよ。想いは高いほうがいいですよ。常に平和の祈りをしながら、心を豊かに豊かにしてゆくことが大事だし、それがうちの宗教の根本なんです。

いろんな宗教では、インドやパキスタンでもそうですけど、よく偶像崇拝をしたり、儀式ばっかりやっています。儀式ばかりしても国はよくならない。儀式に把われちゃうからね。儀式に把われることはありません。私が一番大事にするのは想いなのです。

知らないうちに悠々とした人間に

自分たちの想いをどこにおくか、肉体にくっつけておくか、それとも神様のみ心の中に入ってしまうか。勿論、神様のみ心の中に入ったほうがいい。神様のみ心は何かというと、愛と真《まこと》と美なんです。愛すること、真を行なうこと、美しい行ないをすること、それが神様のみ心なんです。その行ないをそのまますることが一番いいけれども、なかなかこれがうまくいかない、むずかしいんですね。

行ないをするように努力しながらも、根本で世界の平和を祈れば、一番美しい、一番大事なことをしているわけだから、『他のことはなんにも出来ませんけれども、私は世界平和の祈りをしております。どうぞこれでご勘弁ください』という形でもいい。平和の祈りをすれば、なんにもしない人より余程いいに決まっているでしょう。

そうするうちに、知らないうちに自分の魂が大きくなり、自分の心が広くなる。気宇《きう》が広がってくるわけね。悠々とした人間になり、優しい人間になってくるわけです。だから消えてゆく姿で世界平和の祈りをなさい、そういって話しているわけです。

（昭和49年3月10日）

心をいつも青空のように

人間が動物と違うのは

皆さん、平和の祈りをやるのでも、明るく大らかな気持ちでしていただきたいのです。やらなきゃならない、という気持ちもいいですが、あまりつきつめた気持ち、気張った気持ちというのはいけません。

宗教の極意は何かというと、気張らないで、ふんわりと神様のみ心にまかせてしまうことにあります。すべて守護霊守護神さんがやっていらっしゃるんだから、自分はその受け器として、場所として、守護の神霊の使いやすい器、場になるということが一番大事なのです。

人間が動物と一番違う点は何かといいますと、人間は神様というものを自分の心で意識して思える。それが人間が動物と違うところであります。神様を全然思えない人は、やっぱり動物に近いと思うんです。

神も仏もあるものか、とか、自分でやらなきゃならないと、いつでも力んでいる人が随分おりますけれど、しかし、本当の心としては、例えば海で遭難するとか、なにか突然事故の災難があったりして、生命の瀬戸際になりますと、神様！　仏様！　と自然に思うようにに出来ておりまして、最後の瀬戸際になってもそういうふうに思わない人というのは、よっぽどの唯物論者です。けれどそういう本当の唯物論者というのは少ないんです。大体は、どこかしらで生命のもと、大生命というものを慕ってすがっているものなのです。

皆さんのようにハッキリと神様の存在を信じ、神様のみ心は愛であることを信じて、日々楽しく明るく過している人は幸せな人なんです。ですから神様のみ心は愛だということを信じ、神様のみ心にすべてをまかせて、つまり守護霊さん守護神さんにすべてをまかせて、素直に神の光が通ってこの世のためになるような、そういう受け器に自分の肉体をしておけばよいのです。

人間が人間であるために

人間が人間であるということのためには、何が大事かといいますと、動物と違って神様と一つになっているという意識があることなのです。神様が自分を守っていてくださるんだ、神様と一つなんだという強い意識があればあるほど、本当の人間なのです。

動物には神様が守っていてくれる、という意識はありません。ただ本能のままに生きている。あやつり人形のように、動物は創られた神様に動かされて生きている。ところが人間はそうではない。自分から思う意志がある。「神様ありがとうございます。神様は守っていてくださるんだ」そういうように思える能力がある。それから自分の思う通りに創造していく能力がある。未来のためにいろんな計画をしたり、知恵を働かして未来をどんどんよくするように努力することが出来ます。動物にはそれが出来ません。

未来の人類の平和などを考えないで、その場その場だけを楽しめばいい、その場その場だけよければいい、というような考えは人間ではないんです。それは動物なのです。その場だけ食べられればいい、今遊べばいい、今なんとかなればいい、しかも自分だけ、自分の家族だけのうのうと暮らせれば、それでこと足れりとするならば、それは犬や猫と同じなのです。動物と同じなのです。なぜかというと未来の理想を持たないからです。

やはり、人間と生まれたからには、人間の条件の最初のものは、未来をよくしていこう、どんどん進歩していこう、いい世界にしていこう、いい人類にしていこう、という希望や理想というものがあって、それに向かって一歩一歩進んでいくことです。

いかに人間の形をしていたとて、ご飯が食べられればいいんだ、女の人や男の人と遊べればいいんだ、ただ楽しめばいいんだ、というんでは人間ではありません。そのままの生き方を続けていったらば、やがて肉体がなくなっていった世界において、ダーッと低い所へ落ちてしまうんです。自分だけ、自分の生活だけしかないんだから、友だちもいなければ、仲間もなくて、ただ暗い中に自分が一人うごめくだけです。利己主義者の先きゆきの姿というのはそういうものなのです。

本当に死んでしまうわけです。生命が生きないんです。ですから肉体がなくなっても生きつづけられる人間というのは、どういうことなのかというと、やはり神様につながって「神様ありがとうございます。こうして日々生きられるのは神様、仏様のおかげでございます。守護霊さん守護神さんありがとうございます」というように、常に神様に感謝できる人、神様といわなくても、先祖でもいいですよ「ああ先祖の方がみんな守ってくださって、私はこうやっていられる、ありがとうございます」と思える人は、それは神様に通じますからそれもいい。そのように常に感謝しながら、しかも少しでも人類のためになるように心がけ実行していなければ、それは人間としての価値がない。

気張ることなく、ふんわりと

そこでみなさんの心がけとしては「そうだ、私は動物と違うんだ、私は人間なんだ、人間であるから、人類の進化のために、人類の平和のために、未来の幸せのために自分も働かなければならない。どう働いていいかわからない。ああそうだ、手近かにいいことを教わっている。世界平和の祈りを自分がし、家族にもさせ、あらゆる人にさせるような運動をすればいいんだ、その手助けをすればいいんだ」とこういうことになりますね。

何も息張ってやることはありません。神様がさせてくださるんだから、いい器になるように、常に神様ありがとうございます、と神様のほうへ自分の想いを向けていると、世界平和の祈りをするのでも、人に伝えるのでも、自然にやさしく楽に出来るようになるんです。

これをあまり気張りますと、同じ家に住んでいても、あるいは隣に住んでいても、親戚であっても、自分との距離がずっとへだたっている人に向かって「あなた、世界平和の祈りをしなさい」と無理に言ったって、相手が聞くものではありません。全然向こうが向いてきていないんだから。そういう時には、口で言わないで、黙ってパンフレットや白光誌を送ってもいいんです。

相手が読もうと読むまいと、その人たちの天命の完《まっと》うされることを祈りながら、こちらは白光誌を送ればいい。あちらの守護霊、守護神さんがちゃんと読ませるようにしてくださるわけだから「どうぞ、何々さんの守護霊さん守護神さんよろしくお願いします」と心の中で言って、あとはあまりしつこく言わないことです。「読んだかい、まだ読まないのか」なんてやったら読みやしません。何も言わなくなると読むのです。

旦那さんが世界平和の祈りをしている。奥さんが唯物的で全然振りむきもしないという場合、「お前、平和の祈りをしなさい、祈らなきゃだめだよ」といっても「なに言っているのよ、自分の心は平和でもないくせに。自分のやることを見てみなさいよ」なんて、あべこべにやられてしまうわけです。ですから無理強いするんじゃないんです。

いつも心を青空のように

ふんわりと何気なく、普通の話の中で「いいお天気ですね。青空っていいですね、人間の心もこういうふうに青く澄んでいるといいですね」とか、こんな調子でやるんですよ。なんとなく話すのです。そうすると、ああそうだなって誰でも思わない人はありません。雨がしとしと降っているよりも、明るい青空のほうがいいに決まっている。

明治天皇の歌に

〝あさみどりすみわたりたる大空の
　ひろきをおのが心ともがな〟

とありますが、澄みわたった大空のように、明るい気持ちでいれば人間はいいでしょう。それは平和な心なのです。茶飲み話や日常の対談の中で、そういう何気ない話をすればいい。「私はいつもね、平和の祈りをしているんです」とこういうような調子でポッと言うのです。

もっとも日常の行ないが悪くてはダメなんですよ。平和の祈りをしているっていうそばから、怒ったり、子供を叱りつけたり、しかめっ面《つら》をしちゃったりするんじゃダメなんです。やっぱり行ないの中に平和が現われなければならない。ふつうの人なら怒ってしまうところを怒らないで、ああこれは消えてゆく姿なんだナ、どうかこの人の天命が完うされますように、とニッコリできるようでなければいけません。少なくとも、平和の祈りをしている人は、祈りを知らない唯物論者の人よりも、にこやかで明るくて素直で、気持ちがよくなければいけません。いつも言いますけど、明るくて、にこやかで、柔かくて、会っていて気持ちのいいような、そういう雰囲気の人間にならなければダメですね。

口よりも体で示すこと

ですから、私は、口でいうより体で示せ、と日めくりに書いています。口でいうよりも行ないで示しなさい、というわけです。

私の心には、相手の心を痛めてはいけない、相手の心が温かくなるように、という想いが深く沁みついているのです。そこで誰にでも挨拶も丁寧になってしまうし、頭ごなしに人に口をきくようなことが出来ないのです。

「先生のお辞儀は低すぎる、弟子より低く頭を下げてはおかしいから、もっと高くしたほうがいい」なんて、証拠写真を見せられて、ある人から忠告されたことがありますが、それから一生懸命もう少し高くしようと思って、今、目下研究中なんです（笑）。ところがどうしても相手より低くなってしまうんです。けれどわざわざしているんじゃないんです。わざわざですと付け焼刃ですから、いやらしくなります。

笑いたくないのに、向こうがニコニコするから、こっちも仕方なくニコニコする、それではわざとらしい。そういうんじゃなく、自然に中から湧いてくる。「心ころころ」の歌じゃないけれど、心の中から湧いてくる、明るいものが湧いてくる、にこやかなものが湧いてくる、そういうような人間にならなければダメですよ。

裸でいて、作るのではなく、自然にそうなるように自分を磨かなければいけません。それにはどうしたらよいかというと、たゆみない愛の心、その愛の心はどこから生まれてくるかというと、平和の祈りから生まれくる。世界人類が平和でありますように、みんなの天命が完うされますように、みんなが仲良くなりますように、そういう気持ちでいますと、自然に自分の体から、雰囲気からにじみ出てくるんです。

付け焼刃というのはあの世に通じませんよ。肉体がなくなった時には裸の心なんだから、自分の持っている心が、いつも裸で、前から見ても後ろから見ても、横から見てもそのまま〝ああいい心だな〟という心でないと、どうしても幽界に行って高い世界に行かない。汚れたもの、汚ない想いを浄めるために、やっぱり下へ行って修行しなければならないのです。

しかし、いつもきれいに青空のように澄んではいられない。そこで、その汚れを浄めると同時に、人々のためになるようにと常に平和の祈りをするんですよ。「ああ私はまだ至りません。時々怒ったりします。仏頂面もしますし、時々妬み心も出ます。怠け心も出ます。しかし、どうか神様、守護霊さん守護神さん、一日も早く消してくださいませ。世界人類が平和でありますように」と祈っていますと、いつの間にか守護霊さん守護神さんのほうで、きれいに悪いものを消してくださって、いつも心が青空のように、そして暖い明るい状態が続くわけです。

いつも気持ちを明るくするためにも、一生懸命平和の祈りをいたしましょう。

自分をごまかさない

肉体人間はみな凡夫《ぼんぷ》

この世の中には矛盾撞着《むじゅんどうちゃく》したことがたくさんあります。民族がたくさん分かれている。言葉が違う。肌の色が違う。言葉が違うということは喧嘩の原因になるだろうし、肌の色が違うということは、差別の原因になります。民族が分かれているということが、お互いに自分たちの民族を守ろうとする意識になって、自己を防衛するようになっている。

動物たちでも、はじめからお互いに食べあわなきゃ生きられない。海の魚や小さな虫みたいなものから、大きな動物まで、すべてお互いが相手を食べあって生きています。弱肉強食の世界といいます。弱いものが強いものに食べられて生きている。

どうして動物同士、生物同士が食べあわなければ生きていけないような世の中に、地球は出来ているのか。人間でもそうですね。どんないい人、特別な人は別だけれど、ふつう一般から少しぐらいよくったって、あるいはかなりよくったって、やっぱり自分が主です。自分のことをまず守りたい。自分のことはさておいても自分の子供のことは守りたい。

隣りの娘が病気したって、そんなに驚きやしません。「ああ気の毒に」隣りの人が死にそうで「ああ気の毒に、ほんとうに」とは言います。隣りの人ならまだしも、隣りをおいたズーッと向うの名前を知らない人だったら、別になんでもない。

ところが自分の娘だと、足を折ったなんていうと、いのちにかかわりなくても、大変だ大変だ、と真剣になるでしょ。自分の子供がちょっとけがをしただけでも、一生懸命になります。親がそうとう偉い人でも、自分のことになるとそうなる。そんなもんですよ。

私だってそうですよ。うちの会の人たちが病気になったら、病気になったって心配します。ほかの会の人が病気になっても、世界平和の祈りの中で祈ってはいるけれど、それは現象的にはなんにも関係ない。「死んだ？　誰？　ああそう」瞬間的にお祈りはするが、直接心の痛みは少ない。うちに集っている人たちは自分の子供みたいに可愛いくて、みんなが無事で、と第一番に思います。世界人類が平和で……と思うけどもサ、それは大きな話であって、大きくは世界平和でみんなが平和にならなくちゃいけないと思うけども、まず現実的な問題とすれば、うちの人たちが無事で、と思います。

汽車が転覆した、うちの人はいないかな？　いない、ああよかった。それから死んだ人やけがをした人のためにお気の毒に、と祈る。正直にいえばそうなのです。

自分に関係ある人が死んだり、けがしたりすることが平気で、それで全然関係のない他の人が助かったほうがうれしい、なんていう人はないんです。人間はそう出来ていないんです。神様の心は、近きより遠きに及ぼせ、で自分に近く、体も心も近くに寄っている人に、とても愛情を感じるものです。離れているものに愛情は感じません。体が離れていても、心が離れていなければ愛情は感じます。結局、自分の身内だとか、自分の同志というものには非常に愛情を感じ、みんな無事であればいい、と思います。

たとえばロサンゼルスに地震があった。うちの人たちは大丈夫か、とまず思う。われながらやんなっちゃうと思う。他の人も気になります。ああ気の毒だな、と思うけども、気の毒だという想い方が違うんですよ。自分につながっている人は、気の毒と想って胸にくるでしょ。

どうしてそういうふうに出来ているのか、ということが問題なんです。

したがって、自分の民族、日本なら日本民族のことが一番先に思われるでしょう。誰も彼も日本に生まれている以上は、日本の運命が幸せでありますように、とまず思います。はじめアメリカが幸せになって、その次に日本で結構です。なんて誰もそんなこと言いやしません。それはアメリカ人も同じ、アメリカが先に幸せになることを望んでいる。それがいいとか悪いとかの問題じゃなくて、そうなるんですよね。

肉体人間はほんのちょっぴりの現われ

そうすると、なぜ神様がはじめっからそういうようなつまらない人間を作ったのか、と思うでしょう。神様は全智全能、オールマイティなのに、どうしてこういう不完全な人間を作ったのか。人間ばかりではなく生物全部です。どうしてでしょう?

実は神様のみ心の現われとしては、この肉体というのは、ほんの一部なんです。波長でいえば、肉体の波長ばかりでなく、一番微妙な波動を一とすれば、一の波動も、二の波動も三の波動も四、五、六、七の波動もあるわけです。だから人間としてそこに現われている肉体、あるいは犬なら犬として現われているボディは、単なる一番外側の現われであって、その奥にズーッと肉体として現われるまでの、現われがあるのです。

氷山があります。海面の上に現われているのは、その氷山のほんの一部分で、海面の下にほとんど隠れているわけですね。そういうふうに、神体から霊体、霊体から幽体、というまでには、いろんな階層があり、数えあげれば何百層あるかわからない。そういう階層を通って肉体の人間が現われている。肉体の犬が現われ、肉体のライオンが現われているわけです。人間と他の動物とはちょっと違いますが。

肉体のライオンは他の草食動物を喰うかもしれない。肉体の人間のほうはいがみあうかもしれない。しかし、根源にもどった人間の霊体、神体はいがみあっていないんです。大調和しているんです。動物も大調和しているんです。聖書にもチャンと書いてありますように、ライオンと羊はたわむれて遊んでいるんです。それが肉体界に現われた時にはゆがんじゃっているんです。

どうしてゆがんでいるかというと、霊波動というものはいつも言うけれど、微妙な波動なんです。しかし、波動は粗くしなきゃ目に見えません。要するに、波動が細かいから目に見えないんです。波動が粗くなれば目に見えてくる。またうんと粗くなれば目に見えなくなる。音でもそうですよ。聴こえる範囲というのがありまして、波長の大きいものは聴こえないし、あまり波長の細かい音も聴こえないんです。人間の耳に聴こえているのは僅かな範囲なのです。聴こえていないほうが上にも下にも多いんですよ。

そういうふうに肉体人間というものの目に見えない範囲や、手にふれない範囲がズーッと多くて、目に見えている範囲はちょっぴりなんです。そのちょっぴりの範囲の人間とか生物とかの不調和、いわゆる争いなどをみて、神様はなんて力がないんだろう、こんなに言い争うような人間を創って、というけれど、実は本当の人間は争っていないんです。ただ現われてきて、そこに波が起って争っているように見えているわけ。

それはどうしてかというと、微妙な波動からだんだん粗い波動になるから。いわゆるいつも私が言いますが、裸で泳げば、百メートルを50何秒で泳げるのに、潜水服をきて泳いだら、何倍かかるかわかりません。のろくなるわけです。それだけペースが乱れるわけです。

それと同じように、微妙な神様のみ心のままでくれば完全に現われるけれど、粗い波、物質の波に変化させて物質界に入った時には、どうしてものろくなってズレてくるわけです。その乱れが業になって、お互いのせり合いになるわけです。

民族や国が分かれているわけ

民族や国が分かれたのは何故かというと、お互いの天命、色にたとえれば、青なら青、黄なら黄、赤なら赤という色がある。その色が互いに強めあい、調和し合って美しい色を出してゆくと同じように、各民族の天命に分かれて天命を果たしつつ、お互いがお互いを助けあって、地球界を調和させてゆくように出来ているわけなのです。

ところが物質界に入った時に、その天命を忘れちゃって、てんめえがってになっちゃった。それで、わがまま勝手、青なら青の自分の国だけ守ればいい、赤なら赤、白なら白の国を守ればいい、と自分の国だけ、自分の民族だけを守ろうとするようになってしまった。それをさんざん経験し、ああこれじゃいけないなって、みんながわかってきた時に、はじめて物質に把われている想いが離れて、霊界の自分、神界の本体の自分に向かってゆくわけです。そうすると、本体から光がいっぱい流れこんで、いつの間にか粗い波動が細かくなってくるわけです。

全部が全部、肉体に現われていながらも、物質界に現われながらも、細かい波動になってくるわけです。そうなれば、お互いが、自分は神から来ているんだな、民族というものは天命を果たすためにあるんだ、だからお互いに民族は手をとり合わなければいけないんだな、と本当に心の底から思えるようになってくるわけなのです。そうすると世界平和になるんです。そしてその想いが動物にも伝わって、動物界も食べたり食べられたりしないような世界になってくるんです。

神のみ心が完全に現われきるまでの過程

今はその神様のみ心が完全に現われる過程にあるんで、本当の「人」が出来ていない。人間というのは、人と動物の間という意味ですよ。それで人間というのです。本当は人間じゃなくて人なんです。人とは霊の止まる所、霊止《ヒト》であって、人間が脱皮して、完全な人になっていくわけです。その過程でいろんな宗教が現われ、祈りが生まれ、現在、世界平和の祈りが現われているわけです。

救世の大光明の中から光をいっぱいもらって、どんどん地球界にふりまいてゆくと、知らないうちにみんなの体が霊化してくる。霊化してくると悪い想いがだんだんに消えて、自分勝手な思いが消えてきて、お互いが兄弟姉妹なんだな、ああみんな手をつながなきゃならないな、というふうになってくるのです。その先駆けとして〝世界人類が平和でありますように〟というんですよ。

〝世界人類が平和で、みんなが仲良くなりますように、神様お願いいたします〟という祈りは、自分の想いがみんな調和している本体のところへスーッといっているわけです。そうすると本体の光がスーッと入ってきて、みんなの本体にも入ってゆくわけですよ。グルグル光が廻っていて、みんながきれいになっていくんです。だからたゆみなく、長年月やらなきゃならないわけです。

そうやっているうちに、だんだん地球がきれいになっていく。地球がきれいになっていけば、いい人がますます増えてくる。政治家でもいい考えの人がドンドン出てくる。善人で強い人が現われてくる。世論もだんだん変わってくる。というふうになるわけです。

その間に、小さな戦争もあるかもしれない。依然としてあちこちで戦争をやっていますね。人災や天災もいろんなことがあるでしょうけれども、被害がごく少なくなるように、神様のほうでちゃんとやってくれるんです。被害を少なくするために、私たちが世界平和の祈りを一生懸命やらなきゃいけないと思うんです。祈ることによって、被害が少なくなるんですからね。そうして祈っていると、別に科学的な事実によって、誰も彼もが立派になるような科学が生まれてくるわけです。

自分をごまかさないでみる

だから、まだ人間は、人間から人になるための過程にあるから、苦しみがあるんだというのです。それを私が〝消えてゆく姿なんだ〟と言うんですね。要するに彫刻で木片を削っている時、削りくずが散らばっているようなものだから、それを世界平和の祈りの中へ入れてしまいなさい。どんどん世界平和の祈りの中に入れてしまえば、やがて削りくずがきれいになって、観音像が彫りあがってゆくんだ、ということを教えているわけです。

宗教家の中には、自分をごまかしている人が多いんです。自分は出来もしないくせに、出来るようなことをいうんです。出来ないことは出来ないんだ。出来ることは出来る。私はこれをハッキリいいます。出来ないことを出来るというと困っちゃう。そういう教えは人を知らないうちに偽善的にさせてしまう。だから、私どもは正直に、出来ることは出来る、出来ないことは出来ない、といいます。しかし、出来ないうちでも、やがて出来るこ とになるんだから、一生懸命やろう、今に出来ますから一生懸命やってます、とこういうわけ。

世界は現在、平和じゃない。平和じゃないけれども、平和になるに決まっている、と神様がおっしゃるんだから、私どもは一生懸命平和の祈りをして、「一日も早く平和になるように、みんなのけがが少なく、大戦争などなくて済むように、一生懸命平和の祈りをしています」と言えばいいのです。

「平和の祈りなんかして救われるか、平和になるか」と言われたって「そう思うのはあなたの勝手でしょう。私たちは平和になると思って、一生懸命平和の祈りをやっています。何もしないより一生懸命平和を祈り、人類の幸福を祈っているほうがいいじゃないですか。そこで私たちはやっているのです。大勢やっていますよ」とニコニコしていれば、向こうはなんだか気持ちが悪いような、なんだか偉いのかな、と思う。

人の言葉で動かされないようにしなさい。平和の祈りが絶対に世界を平和にするんです。平和の祈り以外に世界を平和にするものはありませんよ。

「世界人類が平和でありますように」というんだから、みんながそう思えば思う通りになるんだから、心の底から、全部平和になることを祈っていれば、平和になるに決まっている。神様が「なる」といっているんだから、平和になるに決まっている、というわけです。

不安解消の鍵

自分を責めない

人間というものはおかしなもので、右といえば右に行きすぎ、左だといえば左に行きすぎ、上だといえば上に行きすぎ、下だといえば下に行きすぎて、常に行きすぎてしまう。中庸のところで止まっていない。十字交差の真中で止まっているということはなかなか出来ないのです。そこでいろんな宗教が出て、いろんな教えをするわけです。

私の教えはどういうのかというと、あんまりいい人が、自分が悪い自分が悪い、といって、悔やみつづける習慣がついて、自分ばかり責めている。そこで自分を責めてはいけない、人も責めてはいけない、自分を赦《ゆる》し人を赦し、自分を愛し人を愛し、とわざわざ自分という言葉を使ったのです。自分を赦し人を赦し、自分を愛し人を愛し、を表看板にしているのは、うちの教えだけです。

どうしてこういう教えをするようになったかをお話ししましょう。

どこの宗教へ行きましても、宗教へ入るような人は大体いい人が多いのです。自分を反省するような人が入るわけです。自分の力が足りない、神様の力を自分の中に入れて、神様の力を借りて自分が立派になろうとか、地位や富を神様に与えていただこう、という謙虚な形があるわけです。そういう人は反省力が強いし、悔い改めの心が強い。ところが、宗教に入ると、大概自分を責めさばくような、お前の心が悪いんだ、お前の心が悪いから夫が悪くなる、妻が悪くなる、子供たちが悪くなる、と言われるのです。一つの病気をするのでもお前の心が悪いからだ、と言われる。それは確かにそうに違いありません。

この世に現われてくる幸せも不幸も、みんな自分の想念波動から出てくる。過去世からの想念行為から出ている。しかし、過去世ということを抜きにして、お前のやり方が悪いんだ、だから子供が悪いのだ、とこうくるわけです。お前が病気するのはお前の中に病気になる悪い種子があって、病気になるんだから、お前の心を改めなければいけない、とくるのです。折角、反省力の強い人が神様に、どうか自分の罪を赦してもらおう、助《す》けだちをしてもらおうと思って入ってくるのに、宗教がお前の心は悪いんだとやるわけです。

大体、宗教に入った人は気の弱いような人が多いのです。気の強い人は唯物論になって、自分でやるということになる。ところが、救ってもらおうとしている立場の人が来ているのに、救うのではなくて責められるわけです。それでますます自分の心が細くなって、小ちゃな人間、小さな善人ばかり出来てしまうわけです。

今のあなたが悪いのではない

そこで私のような人が現われて説いたことは何かというと、自分を赦し人を赦し、自分を愛し人を愛し、ということです。何故そう説くかというと、自分は本来神の分生命であって、本来は一つも悪いことはない。何故悪いことがこの世に現われたかというと、神様から現われた生命をそのまま素直に生かしきらないで、自分の想いというものを自分で作って、自分の想いで神様から来ている生命の素直な光を消してしまったのだ、これはいけないあれはいけないといって汚してしまったので、生命が自由に動かなくなって、不自由な生活になってしまったのだ。だから一遍、すべての想いを神様にお返しして、神様から改めて頂き直そう……これは真宗などそうです。浄土門的な生き方ですが、阿弥陀様の方にすべてを託すというやり方です。

人間というものは罪悪深重《じんじゅう》の凡夫で、自分の力では何事もなし得ないのです。その昔、法蔵菩薩《ほうぞうぼさつ》が願を立てて、みんなが本当に救われなければ正覚をとらじ、自分は仏にならない、という宣言をした。その法蔵菩薩が阿弥陀様になってしまったわけです。阿弥陀様というのは、宇宙に遍満する大神様ですが、その中に法蔵菩薩が一体となって、そのまま阿弥陀様になったわけです。みんなが救われなければ自分は仏にならない、といった法蔵菩薩が仏という名前で現われているのです。ということは、みんなは救われるに決まっていることを証明したということなのです。ということは初めっから、みんな罪の子ではなくて、神の子だ、みんな救われているんだ、という証明なのです。

法蔵菩薩が阿弥陀様になったということは、真宗系統、浄土門系の教えですが、救われているはずの者が、完全円満のはずの者が不完全だということは、自分が勝手に不完全にしているんだ、自分がこうだ人がこうだ、と勝手に思って、自分を自縄自縛して不完全にしているのが、ズーッと長い間きているわけです。

そこで私は過去世の因縁といって、今生のあなたが悪いなんて言わないのです。過去世の因縁によって、過去世に悪いことをしたから、悪いものが来ている。しかし、悪い状態として現われる、意地悪な気持ちとして現われる、短気になって現われる、あるいは貧乏になって現われる、病気になって現われる、そういう現われることは、すべて過去世の因縁がそこに現われては消えてゆくんだ、というのです。

今の自分が悪いんじゃない、過去世の自分の想いが溜って消えてゆくんで、今の自分が悪いのでもいいのでもなく、今出発するわけです。だから過去世の因縁のいい悪いに把われていては、また過去世の因縁の波の中に入ってしまって、ぐるぐると輪廻転生してしまうから、今、現われてきた良いこと悪いこと、人から責められること、——人から苛《いじ》められることもありましょう。自分が人を苛める想いもありましょう。恐れる想いを出すこともありましょう。そういう現われて来ている想いも行為も、やられていることも環境も、すべて過去世の因縁がそこに現われて消えてゆこうとして出て来ているんだから、それはそれで消えていくんだ。それはそのままにしておきなさい、とその原理を知って、自分は神様と一つなんだ、自分は神の分生命で悪いものはないんだ、ということを自覚して、神様の中に入って行きなさい、というのです。

神様にピッタリと波長が合う

これを一つにまとめると、消えてゆく姿で神様有難うございます、となるわけです。神様のみ心の波に入ってゆくためには、神様の波長と同じ波長を出さなくてはいけません。

神様の波長と合わすために、神様のみ心であり、原理である地球の平和を願う「世界人類が平和でありますように」という想いを出せば、神様の波長とピタリと一つになるわけです。そこで、ただ神様有難うございます、だけではなく「世界人類が平和でありますように」という祈り言が出たわけです。そして「世界人類が平和でありますように」と祈った時には、その人は神様のみ心とピタリと一つになるのです。

「世界人類が平和でありますように」といった時には、過去世の因縁が消えてゆく姿として現われていながら、一緒に神様のみ心の中に入ってしまうわけです。神様のみ心は大光明で完全円満なのだから、悪いものも不幸なものも、間違ったものもあるわけがない。世界平和の祈りをすると、自分が過去世の業を背負って神様の中に入ってしまうわけだから、過去世からの因縁が神様のみ心の中で消されてゆくわけです。そういうわけで、消えてゆく姿で平和の祈り、というように私は教えているのです。そこには悔い改めも、懺悔も反省もみな入ってしまって、スッキリ晴れわたっているわけです。

いちいち悔い改めとか、反省とかいうのがあって、ああしなければいけない、こうしなければいけない、と思って、自分をいじめながら、片方では、立派にならなければいけない、いけないというように、二つに別々に分れているのではない。ああ自分は駄目な人間だな、いつ迄やっても悟れない人間なんだな、と思ったら、世界平和の祈りをするわけです。その時、一時、悟れない自分、駄目なんだという自分を一先ずおいたような形になったけれど、おいたと思ったものは世界平和の祈りに背負わされていって、光の中に入っているのです。だから、素直に「ああこれはみんな消えてゆく姿なんだ、世界人類が平和でありますように」とやれば、そのまま消える率が早いわけです。

そんなことで消えるかな、なんて思いながらやっても、これは消えるのです。しかし、素直にスッと入ったほうが、消え方は早い。いちいち批判する心というものは、こんなことで大丈夫かなと思う心も、その人の癖なんであって、その癖もかまわず一緒に神のみ心の中に入ってゆくのです。素直に入っていく人と、いかない人とは消え方の度合が違うけれども、どちらにしても消えてしまうわけです。

こういうように、簡単に人を責めるわけでもなければ、自分を責めるわけでもなく、みな過去世の因縁の消えてゆく姿として、世界平和の祈りの中に入れてしまいなさい、と教えたわけです。これは自分を赦し人を赦し、自分を愛し人を愛し、ということになるのです。

ところが、消えてゆく姿を間違えて、なんでも消えていくんだからいいや、と悪いことをやっていた人があったのです。人間というのはどんないい教えをしていても、勝手にとる人がいるものです。悪いことをして、ああこれは消えてゆく姿、何をしても消えてゆく姿だから、と全然反省しないのは宗教以前のことで、宗教信仰をするという人の心構えではありません。だから、イエスのいうように「心の貧しき者は幸いなり」という言葉は、いつでも尊い言葉として残るわけです。

謙虚な心をもって、しかも自分を責め裁かない。それは消えてゆく姿で世界平和の祈りで出来るわけです。謙虚な心が生きて、そのまま光になってくる。へりくだっていることがそのまま力になってくる。自分をいじめないで立派な人間になっていく。そういうように出来るのが、消えてゆく姿で世界平和の祈りという教えなのです。

神様への入口──浄土門と聖道門

真理であっても文明文化の進んだこの現実世界においては通用しないものもあります。例えばすべての生き物を殺してはいけない、という殺生戒というのがあります。虫一匹も殺していけないということです。ところが実際問題としては虫一匹も殺さないで生きている人はいません。虫はおろか、牛でも豚でも食べている。そういう世界になっていながら、虫一匹も殺さないということは嘘になります。正直な人は虫を殺すたびに、ああ悪かった、魚一匹食べるたびに、ああ私は悪かった、私はだめだ、というようになってしまう。実際に出来ないようなことを言っているわけです。

お釈迦様は出来た。イエスさんは出来た。しかし、普通の人には出来ない。つまり理想論だけになってしまっている。理想通りに出来る人もありますけれど、なかなか出来ない。釈尊もイエスも、こういうようになるべきだ、と天の目標を示したけれど、どうしたらそうなれるかということを現代の言葉で教えてくれた人はないのです。

今迄教えられたことに二通りあります。一つは空《くう》になるという練習・聖道門です。坐禅観法をしたり、滝にあたったり山にこもったりする。それは禅宗にもあるし修験者のほうにもあります。もう一つは南無阿弥陀仏といって、阿弥陀様の中に入ってしまう。浄土門の生き方です。

片方の空になる坐禅観法のやり方はなかなか出来ないのです。この忙しい社会生活をしていかなければならない、食べていかなければならない世界ではなかなかそうは出来ない。十日やりました。二十日やりました。そんな十日や二十日坐って何が出来るか。その証拠には何々大僧正というお坊さんたちが悟ってはいないのです。老師という人でも悟っている人は滅多にいません。坐禅観法では余程の達人でない限りは悟れないんです。何故か？無理があるからです。この世の現代の波長というものと坐禅観法とのバランスがとれないのです。

例えばお寺を維持するにしても、昔は、教えさえ説いていれば、何もくれといわなくても、檀家の人たちが出してくれて、生活が出来た。ところが現代は、寄付だ寄付だ、と言われ、檀家はお寺さんだから仕様がない、といやいや出している。だからお寺を維持するために稼がなければならない。そういう気持ちになるわけです。そうなると汚れてしまう。金を得るために誰かにおもねったりしなければならない。そうすると心が汚れてくるわけです。現代では坐禅観法で坐っているだけではいられない時代になっているのです。俗界の波に勝てない。だから悟りにまでなかなかいかないわけです。

もう一つの南無阿弥陀仏の念仏のやり方は、一般大衆は真剣にやれば救われやすいのです。本当に自分が罪悪深重の凡夫で、自分では何事もなし得ないんだから、阿弥陀様に救っていただくのだ、ああ有難うございます、お願いします、南無阿弥陀仏と、そのまま念仏でアミダ様の中に入っていけば、救われます。イエス様、マリア様とすがって捧げてしまうのと同じです。キリスト教の教えは法然親鸞の教え方と同じ形です。そのように他力的に救われてゆくのですが、そのほうが坐禅観法より楽です。

現代にピッタリした新しい道

しかしそのやさしい方法さえも科学の発達した現代社会になりますと、西方極楽浄土といい、阿弥陀様といっても、念仏を唱えても救われるか、という疑問が起こってくるわけです。昔の人は自然にやっていたけれど、今の人は南無阿弥陀仏というと葬式の時に唱えるものとばかり思って、本当に救われると思っている人は少ないのです。ですからどうしても、現代は現代の言葉をもって、日本は日本の言葉をもって現代にピッタリした新しいやり方が生まれなければならない。それが消えてゆく姿で世界平和の祈り、となって生まれたわけです。

そのやり方はほとんど浄土門と同じことです。ですけれど世界人類が平和でありますようように、というやり方は南無阿弥陀仏よりも現代の人に意味がすっかりわかります。本当に世界が平和でなければならない、と。これには若い人も誰れも同感するに決まっています。これに反対をとなえることは出来ません。祈りぐらいで平和になるかと思う人はあるかも知れないけれど、反対する人はいない。ただ南無阿弥陀仏ではわからない。消えてゆく姿で南無阿弥陀仏でいいのだけれど、現代の日本人ばかりでなく、世界中の人々が理解できてそして行なえるのは「世界人類が平和でありますように」よりありませんでしょう。

これは英語に直したって、フランス語に翻訳したって、ロシア語、中国語、スペイン語、その他どこの国の言葉に直しても「世界人類が平和でありますように」と唱えることが出来ます。そして唱えた時、救世の大光明の中に入ってゆくわけです。その中できれいに洗い流してもらうわけです。

そのためには肉体の自分では何事もなし得ないんだ、という謙虚な気持ち、みんな神様にやっていただくのだという形、これがなければ宗教は成り立たないのです。そういう気持ちで世界平和の祈りの中に入ってゆくわけです。

私の教えというのは、浄土門の教えでもあり、キリスト教の教えでもあり、法華経の教えでもあり、そうしたものが一体になってミックスされて、しかも易しく、消えてゆく姿で世界平和の祈り、というように出来てきたわけです。悔い改めも謙虚も反省もいつの間にか、知らない中にやさしくそれがなされていって、しかも自分を責め人を責めるものもない、自然な教えなのです。自然なやり方なのです。

現在は、信じながらも、何だか不安な心、惑いがあるかもしれない。しかし、それはやがてはなくなります。自分は必ず救われます。それが結集していけば世界が救われるのです。だからまず、自分のためにも、世界平和の祈りをすればいいのです。

第3章

心豊かに生きる

心豊かな人間となるために

愛深い私にならしめたまえ

自分が巾の広い、豊かな、愛に満ちた立派な人になるためには、どういうふうな心がけで、どういうふうにして行ったらいいかということをお話ししましょう。

いちばん問題なのは、自分という、それも肉体の自分という観念が多ければ多いほど愛は乏しくなるということです。どうしても自分が主になりますから、自分の立場、自分の感情というものがあればあるほど、その人は狭い気持ちになります。

根本的にいえば、自分というもの、肉体にまつわる自分という感情というものをなくしてしまうことが、一番いいことなのです。しかしそれをなくすことは、なかなかむずかしい。しかし、真実の生き方というものは、自分というものは、神様がここに天降ってきて、要するに分生命としてここにきているのだ。自分は神の子なんだから、そして相手もみんな神の子なんだから、お互いが神の子を出しあって、この地球世界に地上天国を創るように役目づけられて、生まれてきているのだ。だからみな神々の分生命が気を揃え、力を合わせれば、地上天国が現われるのだ。自分もそういう一人なんだから、より大きく神様の光を現わそう、と理屈的にはこうなるわけです。

いいかえれば、自分は神の子なんだから、愛深い人間でなければおかしい。立派な愛深い、思いやりの深い、巾の広い人間にならなければ、自分は神様のみ心を汚すのだ。だからより巾広く、より愛深くなろう、という決意が必要なわけです。それが信仰の第一歩なのです。

自分のご利益で、自分が幸せになって……自分が自分が……というのでは、信仰でもなんでもないのです。それはご利益信仰といって大したものではない。そういうところから入ってゆく人もあります。入ってゆくどころじゃなくて、ずいぶん多いけれど、究極は神のみ心をこの地上界に現わすために、自分が生まれているんだ。神のみ心とは何かというと、愛であり、調和である。だから愛をよけいに行じ、調和になるように自分が動くことが、いちばん自分のおかれた立場にふさわしいんだ、というふうに、常に自分で思うわけです。

それを簡単にいうと「神様、どうぞ愛深き私にならしめ給え」と祈ることです。私はそれをやっていましたが、「愛深い私でありますように」とやっていますと、自然に愛の深い、巾の広い人間が出来るわけです。ですから実行方法として、やり方としては、そういう祈り言が一番いいのです。祈り言をしていると、自然に行ないがその祈り言にかなってくる。なぜなら思う通りになる世界ですからね。愛深い私にならしめ給え、と祈っていると、なんだか知らないけれども、愛が深い人間になって、ちょっとしたこともすぐ赦せる。「ああいいですよ、いいですよ、お互いに兄弟姉妹です」となるのです。自然にね。

そういうふうに自分に言いきかせる。神様にお願いするということは、自分に言いきかせることにもなりますから、そうやっていますと自然に愛深い人間になります。そういうわけで、いつでも自分に言いきかせることが必要だと思います。私はダメな人間だ、私はダメな人間だ、と言っていたら、ダメな人間になります。言いきかしているんだから。私は気が弱いって言っていたら、言いきかしているんだから、気が弱くなりますよ。こういうことではいけません。

〝永遠なるもの〟につながる祈り

昔の宗教の教え方というのは、お前が悪い、お前の心が悪いから悪くなる。三界は唯心の所現で、みんな想いの通りになるから、お前が自分で悪い心を出すから、人も悪い心を出すんだ、というわけです。それは本当なのです。だけどそればかり言ってますと、自分に年中言いきかせることになる。自分は悪い心だ、自分は悪いんだ自分は悪いんだ、と年中言いきかせているから、よくはなりません。短気だ短気だと思っていたら短気になります。意気地がない意気地がないと思いつづけていたら、意気地がなくなります。脱皮することが出来ません。

意気地のない人間、短気な人間、愛の薄い人間、臆病な人間、嫉妬心の多い人間というものは、過去世からの業想念の消えてゆく姿と私は言うわけです。消えてゆく姿にして、愛深い私にならしめ給え、とこう言うわけ。愛深い私にならしめ給えというのを、もっと広げると「世界人類が平和でありますように」という祈り言になってくるのです。

ですから世界平和を祈るということは、愛深い私でありますように、という言葉のもっと広がった、立体化したような祈りです。世界平和の祈りを祈るとだんだん心が広くなっていく。それももっと具体化すれば、愛深い私になりますように、みんなのために尽くせる人間になりますように、巾のひろい人間になりますように、心豊かな人間になりますように、なんでもいい、自分の思うことを祈るのです。

〝いつも金持ちになりますように、いつも金持ちになりまように〟とズーッと思っていれば金持ちになるかも知れません。なるかも知れないけど、金持ちになったら死んじゃうかもしれない。望みが叶って大金が入って安心しちゃって、サヨナラ（笑）。この間バカな話がありましたよ。どこかの兄弟が競馬へ行って、百万円儲かった。儲かったら宿屋の番頭が百万円持って行っちゃった。あぶはちとらずになったわけです。大金が欲しいと思ったに違いない、それで当った。望みが叶ったから、もうそれでいいのです。百万円握った、望みが叶った叶ったと喜んで、何も使わないうちになくなってしまった……そういうことが多いのです。

本当に強く思えばなります。あるところの教えにはあるのですよ。家が欲しいと思うなら、こういう家が出来るんだと思いなさい。百万円欲しいんだったら、百万円百万円って紙に書いて思いなさい、思っているうちには出来る、というのです。それは出来るかも知れない、何年たつか知らないけれど、出来たとたんに、火事で焼けちゃったり、あるいは持っていかれちゃって死んでしまうかもしれない。思うことは叶うのですけど、それでおしまいになってしまう。ちょうど影絵のようなもので、思う通りになったら消えてしまうものです。ですから限定された思い方はだめなのです。

百万円くれ、家を建てたい、など、限定された想いだったら、想いが叶えば消えてしまうのです。愛深い私になさしめ給え、というのはどこまで行っても限定はないのです。無限なのです。愛というのは無限に深いのです。巾の広い人間というのは無限に広いのです。大人物がいても、またその上の大人物もいるわけです。どこまで行ってもきりがない。神のような私にならしめ給え、という想いにはきりがない。世界平和の祈りもきりがない。平和もこれでいいという平和はないわけです。無限につづきます。そういう無限につながる願い言をすれば、それは叶えられ、ズーッとひろがってゆく、そういう願い方をすれば必ず叶えられて、幸せになる。

必要なものは必ず与えられる

百万円なんてケチなこと考えないんです。神のみ心の如く生かしめ給え、というような祈りならば、自分は神の分生命で、自分の本体は無限の富を持った神の中にいるのだから、自分に必要なお金はいつでも与えられるのです。百万円いる時は百万円、一万でいい時は一万でいい、千万円の時は千万円くれるでしょう。必要な時に必要なものを与えてくださるのです。ですから私はお金が欲しい、なんて祈ったことは一つもありません。家が建ちますように、なんて祈ったこともありません。「世界人類が平和でありますように、みんなが幸せでありますように、この世に神のみ心が現われますように」そういうことだけです。

永遠につながる祈り言というのは、どこまでも深いし、どこまでも広いから、必要なものは与えられる。ここの道場でも、まず土地を買う。といったってその時はお金は一つもないのです。そしたら一番初めに金子さんが出してくれた。それを契機として私もお金が出来てきて、土地を買って、買ったのを売って取りかえたりしているうちに、ここの土地全部が与えられた。それも私がやったのではなくて、村田さんがまめに骨折ってやってくれました。

お金が欲しい欲しいなんていわないのだけれど、神様のほうでこの土地が必要だと思って、与えてくださった。この道場が必要だと思って、みなさんが一生懸命作ってくださったた。欲しい欲しいなどといわないうちに出来てしまった。しかしまだ序の口です。始まったばかりで、私たちの仕事から見れば僅かな小さい小さいものです。どこまで拡がって、どこまで大きくなるか。無限の富を与えられているのだから、私たちは限定して思いません。世界が平和になるためには、素晴らしいお金もいるでしょうし、素晴らしい力もいるでしょう、素晴らしい科学の力もいるでしょう。そういうものが「世界人類が平和でありますように」というところに含まれているわけです。だから、世界平和が実現するための力も富も智恵も、みんなそこに現われてくる。それが時間を追うにしたがって、必要に従って現われてくる。

そういう祈り方でなければ本当の祈りではありません。ただ病気を治し給え、と祈って病気は治るかもしれない。しかしそしたらお金がなくなってしまうかもしれない。自分の病気が治ったら子供が病気になるかもしれない。だから、病気を治し給えとか、貧乏を直し給え、お金を与え給え、家を与え給え、ということはひとまずぬきにして、もっと深い深い神のみ心を現わし給え、私たちの天命が完うされますように、と祈ることです。天命が完うされるためにお金が必要ならお金が出てくるに決まっている。健康が必要なら健康を与えられるに決まっている。それは神様が知っていらっしゃって、肉体の人間のほうでは何もわかりはしないのです。

神様のほうでは、この人には何年何月にいくらいって、何年何月にはいくらいる、そして何年何月になったらあの世へいく、とちゃんと知っているわけです。それをチョコチョコ細《こま》切れにお願いする。そうすると、折角、こんどは利息をつけて、来年になったら千万円にしてやろうと思っているのに、十万でいいですから十万円を今頂きたい、と欲しがる。それじゃしょうがない、十万円やろう、ということになって、千万円頂けるところを十万円で終わってしまうのです。そういうことになるのだから、あんまり小さく小さくせがみなさんな、ということです。神様に大ーきく祈ったほうがいい。大きくなればなるほど、その人は立派になります。現象的にも精神的にも立派になります。

思いやり深く

神様神様といったって、自分の行ないが愛にそむいているもの、あるいは思いやりの足りない行ないだったら、それはだめなのです。自分の行ないが愛深く、思いやり深く、相手と自分とを同じように見て、相手に嫌なことは自分も嫌なんだから、それを相手にはしない。相手が喜ぶことをする、というように出来ていれば、宗教宗教と言わなくったって、その人はいいのです。

ただ宗教とか神様とか、霊界ということがわからないと、ただ行ないだけで、死後の世界を否定したり、神を否定したりしていると、亡くなった後の世界で、そちらの世界での修行がありますから、生きている間に神様も信じ、霊界のあることも信じて、それでしかもいい行ないが出来れば、それが一番いいと思うのです。皆さんのように、神様も信じているし、神様のこともわかっている、そういう人たちがいい行ないをしていれば、それは完全になるわけです。

いい行ないというのは何かというと、思いやりに尽きると思います。お互いが相手の立場を理解し合って、思いやる。相手がしなくても、こちらがそうする。宗教信仰のあるほうがへり下って、思いやり深く生きていく。片方が五〇％の思いやりがあればいいけども、全然思いやらないで、〇％とします。そしたらこっちが一〇〇％思いやれば完全になります。半分になれば五〇％になるから思いやったことになります。一〇〇％愛深い行ないをする、一〇〇％思いやりの深い人間になるとすれば、相手は全部よくなるに決まっていま す。向こうは〇でもいいんです。

私は五〇％思うから相手も五〇％、私が六〇％思うから向こうは四〇％と向うに要求すると、うまくいかない。相手に要求するよりも、自分が与えに与えて、与えっぱなしにして、今生はそれで終わってもいいと思えば、その人は霊界へ行っても素晴らしい人になるし、この世でも立派な人と誰も彼もが見てくれる人になるわけです。そういう生き方が宗教の生き方なのです。

内在する神を出すということは、調和ということであり、愛の行ないなのです。愛の行ないが深くなければ、いかに神様神様といっても、その人はたいした人ではない。信仰の深い人というわけにはいかない。

愛がすべてのすべてです。愛というのは愛欲のことではありません。相手のことを思いやって、相手のためになるように自分が生きるということが愛です。愛は忍耐なり、と私はいつも言いますが、本当の愛を行なう時にはとても忍耐がいるのです。自分がいい気持ちになりたい、自分が気持ちいいから、これが愛だと思う。そんなのは愛情ではなくて愛欲です。自分勝手なことをやるのは、すぐこわれてしまう。

本当の愛というのは、自分の心を楽しませるのが先ではなくて、相手を楽しませることによって自分が楽しい。相手のために尽くすことによって、自分が喜びを感じている、ということです。そういう点では宗教の信徒がそうしていますね。例えば教団に一生懸命尽くす。そのことによって喜びを感じている。ああ私の生きがいがあるな、とうれしい喜びを感じている。それは愛です。神への奉仕というのは愛です。それが横に広がっていけば隣人に尽くす、あの人はよくなったナ、私の尽くしがいがあったな、と喜ぶ。そういうことが愛なのです。

喜べるこころ

どこでも喜べる心の大切さ

人間はたまには旅行して、いろいろな風物に接することもいいし、家で庭の草花を見ているのもいいことです。私は昱修庵《いくしゅうあん》の庭や聖ヶ丘道場の庭の草木や花を眺めて、楽しんでいます。

つつじの花が鮮やかです。つつじの紅の色とまわりの緑の色が調和して、なんともいえないきれいさ。可愛いいもんです。自分の家に花がなければ、植木鉢の花でも買ってきて見るのもいい。

旅するもよし、家にいるもよし、どこにいても楽しいという、そういう心を作ることが大事です。どこにいても、どういう環境にあっても、どんな立場にあっても心が喜べる。そういう人間になることが大事です。私はそれが最も得意です。どこにいても心が明るく、心が萎《しぼ》まない。何々をしなくちゃ楽しくない。なになにするのは嫌だ、ということはないのです。何をするのもいいし、何をするのも楽しい。といって夢中になって、大仰《おおぎょう》に楽しむというのではないんです。これは歳ですね。

二、三十代の人と五、六十代の人とは、考えというか楽しみ方が違ってくるのですね。五、六十代になると、なるべく体を動かさないで、目だけ楽しませます。若いうちは体を動かさなければ楽しくないです。そこにどうしても差があります。ですからお母さん方お祖母《ばあ》さん方よ、若い人たちの楽しみを「なんであんなことをして楽しいんだろう、ボーリング？　玉ころがして何が嬉しい？」なんて言わないで「それはそれで若い人は楽しいんだナ、夜おそくまでやっているのも楽しいんだナ」と思わなければいけませんね。テレビやラジオやレコードの音を大きく大きくかけられると、私は震えがくるくらいです。ところが若い人は大きくかけないと、聴いた気がしないという。年代の相違というのはありますね。

年代の相違も、お互いが譲り合うとか、譲り合えなくとも、憎み合わないという気持になると傷つけ合わなくともすみます。ですから私の言いたいのは、どんな時にあっても、どんな立場にあっても、どんな環境にあっても、心が動揺しない、ゆるがない、感情に負けてカーッとならない。もしなったら、すぐそれは消えてゆく姿と思えるような、そういう練習をお祈りの間になさるといいですね。

祈りは感情を純化する

祈りというのは、そういうことが兼《か》ねそなわっているのです。お祈りをするということは、神様のみ心の中に、自分の想いが入ってゆくこと。神のみ心というのは完全円満で調和しています。だから感情が祈りの言葉にのって、祈りのひびきにのって、自分の本心、神様の中に入っていって、きれいに浄化され、純化されてゆくことなのです。純化され浄化され、光り輝いたひびきというものが自分の体に入ってきて、それが宇宙に広がってゆくと、人々の浄めになるわけなのです。

たとえば感情がグーッときた。「アッこれは消えてゆく姿なんだナ」と思う。「うちのお父さんはなんだ！」なんていう想いが湧いて来たら、これも消えてゆく姿と思う。それから、自分はダメだなダメだな、なんてダメな自分だろう、となってしまう時は、そうだそうだ、ダメな自分というのは今までの自分で、それはもう消えていったんだナ、過去の自分の消えてゆく姿、と言っていると、平静な心になる。澄んだ明るい心になる。

いつも心の中が濁っているような、ジメジメしているのではだめです。心がサラッとして、青空のような、白光に輝く太陽のような心にいつもなっているような、そういう練習をしておくことです。

三ヵ月ともかく一心に祈りつづける

旅行をすれば旅行が楽しい。家にいれば家にいるで楽しい。ところが子供が自分のいうことを聞かなかったら楽しくありませんね。一番困るのは、息子が自分の好まないお嫁さんを見つけて来たり、娘が自分の大嫌いなただの男性を好いたりする、そういうのが一番お母さんたちは困るんですね。私の好まない女性を連れてきて、もう死にたい想いだ、と言って来ます。それが愛する一人息子でしたらよけいです。そんな場合、どうしようもないでしょうね。ああそれもいいじゃない、なんてあっさり出来ません。

そこで祈るのです。「息子たちの天命が完うしますように、今は好まない姿に嫁が現われているけれど、どうかみんなが調和する嫁になってくれますように、息子になってくれますように」と祈るんです。本質はみんな神の子で、いいんです。いやなものがついているのは、業がついているわけですから、嫁と息子たちの本心が現われますように、天命が完うされますように、と祈りつづけていますと、業がどんどん消えてゆくのです。そうすると自分と気の合う人になってくるわけ。自分のほうも気が自然に合ってゆくのです。みんな自分には業がないと思っているんですからね。嫁だけが悪い、向こうだけが悪い、自分はちっとも悪くない、と思っている。

ある夫婦がありました。その奥さんが私に怒鳴りつけられた。お前のようなわがままな奴はない、いい息子があって、いいご主人があって、何故、嫁のことを恨むのだ。お嫁さんは息子のものだから、お嫁さんは息子にまかしたらいいじゃないか、あなたにはこんないい、優しい旦那がある、それ以上何故ほしがるんだ！　もしお前さんが目が見えなかったらどうするんだ！　耳が聞えなかったらどうするんだ！　手が不自由だったらどうするんだ！　五体満足でなに文句があるか！　と怒鳴りつけた。そしたらその奥さんは、どこかの予言者に、お前は癌で死ぬといわれた、それが心残りだというんです。よし、それは私が引受けてあげる。癌には絶対にならない。しかしそのかわり、あなたはこれからズーッと、神さま有難うございます、神さま有難うございますと、三月《みつき》言いつづけなさい、と言ったことがありました。

自分の業は棚に上げ、人のことばかり嫌がる。それはダメです。人の嫌な点を嫌がるだけではなく、自分の業も嫌がらなければいけません。でも、人の悪いことも、自分の悪いことも嫌がるのも、いつまでも、あいつが悪い自分が悪いとやっていたらば、それだけで一生過ぎてしまう。それはみんな消えてゆく姿。

ああみんな消えてゆくんだな、過去世の因縁が、神様をはなれた潜在意識がみんな消えてゆくんだな、と一生懸命、世界人類が平和でありますように、とやる。あるいは、相手の嫌な人の名前をよんで、誰だれさんの天命が完うしますように、と一心にやればよい。一心に三月もやれば、たいがいのものは消えますよ。三月やって消えなければ、一心が足りないんです。そう思って再び祈るのです。だからいつも、心を平かに、安らかに、明るくしている必要がある。そのためのお祈りなんです。その奥さんの一家もいつの間にか調和してゆきました。

雑念と祈り

世界平和の祈りでも、まず自分のために祈るんですよ。それでも、自分のためと同時に世界人類のためになるわけです。世界人類が平和でありますように、と祈ると心がスーッと広がってゆきます。雑念が出てきたら、過去世の因縁を守護霊さん守護神さんが消してくださるんだ、と思うんです。雑念は自分が起こしているんじゃないんです。火を燃やせばそこに煙が出ると同じで、お祈りをすると業の煙が出てくるわけです。それは消えてゆく姿として、消えてゆこうとして出てくるわけです。

自分の心の中から出るもの、自分の行ないに現われてくるもの、すべて過去世の因縁が現われて消えてゆく姿です。神様が消してくださるんだと本当に思いこんじゃう。それで自分は何をすればいいかというと、再び、嫌だと思うことをしないことです。それでも業があれば、何遍もしますでしょう。してしまったらその度に、消えていったんだ、と思い、再びやらないようにしてゆけば、嫌なことは自分で行なわなくなります。それと同時に、人も自分に対してやらなくなります。何故そうなるかというと、本来人間は神の分け命であり、本心は神様の中にある。だから完全円満で悪いものはないんです。

形に把われるな

あまり祈りという形に把われてはいけません。たとえば祈る時間がある、お祈りしている時に、孫などが遊びにくる。すると「私のお祈りを邪魔しないで。今、お祈りしているからダメ」というんでは、お祈りになりません。何故なら愛に欠けているから。祈りは愛が一番根本です。ですから愛に欠けたら祈りもへったくれもないじゃないですか。祈りに把われているんです。

心の中が祈っていれば、体を動かしたって、お話をしていたって祈りなんです。ですから動きながら祈ることは出来るでしょう。人と応対しながらも祈ることは出来るでしょう。自由自在な祈りにすればいい。それを時間を決めたら、なんでもかんでも坐っていなければならない、なんて固いことをいったらだめです。

形を決めてしなければ祈りにならないと思っている。そんなことはない。坐る時間があったら、坐って祈ることは勿論結構。しかし坐って祈れない時は、しゃべって祈ればいいんです。仕事をしながらも祈りが出来る、商売の話をしながらも祈りが出来るのです。「それは高い、もっとまけてくださいませんか」なんてソロバンをはじきながらも出来る。根本で世界人類が平和でありますように、とやっていれば、言葉や体で何をやろうと、中は祈りなのです。そういう練習をしましょう。手は手、心は心。

だからつねに二十四時間プラスアルファ祈りつづけてゆけば、日常生活にちっとも不便もなければ、祈りも出来る。しかも自由な人間になれる。よく宗教の人には固苦しい匂いをプンプンと出している人がいます。消えてゆく姿にしてもそうです。「おなかが痛いんです」というと「そんなの、消えてゆく姿よ」なんて叱られちゃう。叱っちゃいけません。痛いのは痛いんだから。「痛いの、それは大変ですね……」と同情しないで、叱りつけるようにいう人がいます。嫁と姑の間ではなお困ります。頭が痛い、熱は三十八度ある。「熱はありゃあるでいいのよ、そんなの消えてゆく姿」なんてやる。自分が痛くないから言えるんです。痛いのはやはりよくない。そういうのは愛の欠乏というのです。愛が根本にあればそうは言わないのです。

愛の心が根本

自分ならどんな熱があろうと、痛かろうと我慢できる。だけどお嫁さんなり息子なりが出来るか出来ないか、わからないでしょ。わからない人に、出来ない人に言っちゃ困ります。たとえば自分は力持ちで、五〇キロでもパッと持てる。向こうは力がなくて、四キロも持てない。そんな人に「あんた、なんだそれは」といったって仕方がない。責めて相手の力が強くなるものじゃない。消えてゆく姿の教えをするにしても、決めつけるように説教するように言っちゃだめなんです。愛というのはひたひたと暖かく、ふんわかふんわかとなんとなく暖かく溶かしてしまうんです。

イソップ物語に、北風と太陽と旅人の話がありますね。旅人の外套《がいとう》を脱がせようとして、北風がピューピューいくら強く吹いても、旅人はますます外套をしっかりと抑えてはなさない。こんどは太陽が出て、ポカポカ照ったら、旅人は暖かくなって、いつの間にか外套を脱いでしまった。という話のように、業の殻を脱がせるのは、温かい愛の心でなければ出来ないのです。どんな宗教の教えも根本は愛です。思いやる心、相手を愛する心が根本にあって、教えの効果があるんです。愛がなかったら教えの効果はありません。

なんにしても、一番先にやらなければならないのは、思いやりの心、相手を愛する心、相手の立場を思うことです。その愛の心に立っていろんなことを教えると、それが非常に効果があるんです。

（昭和49年2月4日）

徹底した感謝の生活を

徹底的に神様有難うございます

私の若い頃の短歌にこういうのがあります。

〝白梅の花匂はせて暮れなづむ
　夜空は我を君にとけしむ〟

わりにいい歌でしょう。

私はロマンチストで、センチメンタリストで、とっても血の気の多い青年だったんです。何か人のために尽くしたい、と常に燃えていた。そういう青年でした。それが燃えきってしまって、すべてを神様に任せきってしまう、命を神様に捧げる祈りをしたわけです。そうしたらいろんな修行をするようになった。

『天と地をつなぐ者』に書いてあるように、気違い状態と同じになった。傍から見れば気違いですね。雨がザーと降って来ても、雷がガラガラっとやってきても、平気でもって歩いていた。大体、雨が降ってくれば駆け出します。濡れるのがいやだから。どんなに降ってもそのまま平気で歩いていた。あれじゃ槍が降っても平気じゃないかと思う。そのまま死んでも平気じゃないかと思うくらいなんです。それで何をしていたかというと「神様有難うございます、神様有難うございます」だけ。

私が現在になった一番のやり方は、神様有難うございますだけを徹底的にやったんです。ほかのことは一切ない。何をされても、神様有難うございます、神様有難うございます。足におできが出来ていて、痛くてビッコを引いて歩いていた。満員電車にのる時、その痛いところを誰かにバンと蹴とばされた。その時、こん畜生とも何とも思わない、痛い、神様有難うございます、だけ。もう神様有難うございますが、スーッと出てきちゃうわけですよ。ボンとぶっつけられて、神様有難うございます、と言ったら、そのあと治っちゃった。

そういうように、徹頭徹尾、神様有難うございます、神様有難うございます、で通しちゃったんです。だから皆さんも、もしいろんなことが面倒くさかったら、平和の祈りも面倒くさかったら、神様有難うございます、神様有難うございます、お便所へいって紙をふいても、神様有難うございます（笑）徹頭徹尾、神様有難うございます、をしてごらんなさい。

本当に、心から言わなければダメなんですよ。ただ格好だけ、形だけ合掌して、有難うございます、とやっても、本当に有難いのかというと有難くないんだ。そんなのはダメなの。徹頭徹尾有難うございます、をするのです。それには消えてゆく姿という教えがありますね。ぶたれることも、自分が損することも、人にやられることも、何することも、自分の何か悪い想い、過去世の因縁の消えてゆく姿。

「あっこれで消えたんだな、神様有難うございます」とやるんです。現われないうちに、先に神様有難うございます、とやっちゃうんですよ。すると消えかかろうとしているものが、神様のほうへ先に行ってしまいますから、途中で現われない内に消えちゃいますから。人にやられないうちに、神様（仏さまだっていいんですよ）有難うございます、とやる。ただあらゆる物事に、徹頭徹尾感謝するということ、そういう想いが大事なんですよ。

このままで有難いという感謝

自分が得したから感謝する、病気が治ったから感謝する、儲かったから感謝する、何かご利益があったから感謝する、そんな浅いものでは、宗教という内には入らないんです。なんにもなくても、この命が生きていることだけ、命が生きているということに感謝する。こうだから感謝するじゃない、ただこのまま有難うございます、という感謝、私はそれが結局出来たわけですよ。それで今日、こうなった。

歩いていても、寝ていても感謝でしょう。神様有難うございます、とやっているうちに、自分の肉体から魂がぬけて、ズーッと上へいって、どこまでもどこまでも無限の高さに昇っていったわけですよ。そうすると衣冠を正した束帯の直霊《ちょくれい》の姿があったわけね。それにパッと入っちゃったんです。合体した。それでズーッと降りて来て、天と地とつながったわけね。直霊と分霊《わけみたま》が一つになったわけです。それからは気違いではなくなった。まるっきり当たり前になったのです。

普通の言葉をきき、雨が降れば傘をさし、日があたれば帽子をかぶるし、靴が破れれば直すしね。その頃、靴は口がパックリあいて、パクパクしていたの。穴もあいていて、指に釘がささるんです。痛いから仕様がないんで、釘を少し曲げて、縄でしばって、それで歩いていたの。ワイシャツは、よく雑巾に刺し雑巾というのがあるじゃないですか、それと同じように継ぎだらけなんです。また母親が丹精な母親でしてね、継ぎに継ぎしてワイシャツの襟《えり》が三倍ぐらい厚いの（笑）。継ぎのほうが雑巾の厚みぐらい多いんですよ。母親もお金がないから買えないでしょう。私は働いていなかったから新しいのなんか買えっこないですよ。それにズボンのお尻のところに尻当てというのをやっていました。こんな大きな尻当てをしたズボン、それに夏冬兼用の服ですから、よれよれどころじゃない、羊羹色でない、色がまるでない赤味のついた服、それで歩いていたわけだね。

だからよくもまあ奥さんが来たもんだと思ってるのよ。いつも言うの。よくまあ来たもんだと。「ほんと、どうかしてたのね、私もあの時、守護神さんがどうかしちゃったのね」（笑）守護神さんが連れてきたに違いないやね。しかしですよ、もし、その頃の私のような青年がいたとして、片方に女性がいたとしますね。その女性が、「先生、あの青年のところへゆきたいのですが」といって来たら「お止めなさい」（笑）、「私のように滅多にならないから、お止めなさい」と今はそう言います（笑）。

〝美〟が大事

ああいう修行はもう私だけで結構だと思うんです。特別のことをしないで、親の肝《きも》っ玉を冷やすようなことをしないで、親が大変ですから、どうやったって気違いに見えますから、親兄弟の肝を冷やさないで、当たり前の生活をする。学生なら学生、サラリーマンならサラリーマンの当たり前の日常生活をしながら、普通の人よりいろんなことがわかる、人の心もわかる、永遠のこともわかってくる、教えもわかってくる、そういう人間になったほうがいいでしょう。それが消えてゆく姿で世界平和の祈りなんですよ。

あらゆる悪いこと、いやなことはみんな消えてゆく姿であって、そしていつも神様のみ心にただして生きる。神様のみ心というのは、愛と真と美です。愛が必要でしょう。愛することと、真実を行なうこと、それから美がないといけないんです。汚ないといけない。私は汚なかったねェ（笑）。座談会へ行きますね、終わったあと、お風呂へ入ってください、というわけ。そして背中を流してくれるのです。流しているうちに、まっ黒なのがきれいになる。上ってくると乞食の子みたいのがとても美男子になるんだ。「あーら先生、お色がお白かったんですね」こうなるわけよ。なにしろ一月《ひと》に一ぺんも入らないんだから（笑）。それが女房をもらってから、毎日入るようになってきれいになりました。今頃はもう老人になっちゃやだめだけれど。

特別に何万人に一人ぐらい変わった人で立派になる人もあるけれど、お嫁さんにゆくんだったらそんな人を選んじゃだめですよ。何万人に一人かわからないんだから。宝くじよりひどいから（笑）。やっぱり当たり前で、靴もちゃんとして、ネクタイもちゃんとしている、服もちゃんとしているような人のほうがいい。そして行ないの正しい人がいい。多少変わっていてもいいけれど、あまり変わりすぎるとダメです。そして思いやりのある人がいいですね。女の人も男の人も思いやりのある人、ああやってはあの人は痛みはしないかな、あの人のためにならないんじゃないかな、という思いやりのある人がいい。

愛は行じるもの

昔、私、生長の家にいたでしょう。その時青年たちと一緒に電車に乗ったのね。一杯混んできて、お婆さんが目の前に立った。青年たちは一生懸命、神とは何とかで、肉体はないんだよ、とやっていたわけね。席をあけてやらないんです。愛を論じながらね。それで私が立って〝サアおかけなさい〟とかけさせたけど、その時思った。口でいくら真理を説いたって、行ないでしなければなんにもならないと思った。行ないが一番。愛だ愛だと口でいくら言ったたってしょうがない。行なうことが愛なんです。行なわないで、愛だの、すべったの転んだの言ったたって仕様がないです。まず行ないです。

霊界へゆきますと、想ったことがすぐ現われるんです。想えばすぐ現われる。人を殴っちゃおうと思えば、パンと殴られちゃう。だから霊界にいるつもりになりなさい。イエスさんが言うでしょう。姦淫の心を起こして女の人を見たら、姦淫したのと同じだと。青年には起こさない人はないから、ちょっと厳しいけれども、真理はそうなんです。想えばすぐそこに現われるわけです。

肉体界では想ってもなかなか現われません。すぐ現われないで、来生にまで持ち越すこともあります。だから丁度いいんですよ。想った時、これはいけなかった、これは消えてゆく姿、といって新しい違う想いに変えればいいわけ。肉体界では想いを変えて直すことが出来るんです。幽界ではそれが出来ないんです。パッパッと出て来て、直すのに大変骨が折れる。肉体界で直すのが一番いい。肉体界で運命を転換させるのが一番いいんです。だから八十年、九十年生きている間に、あらゆる過去世の業因縁を消していっちゃったほうがいい。

どんないやなことが来ても、自分の好まないことが来ても、自分の中から悪い想いが出ても、これは自分だとか人だとか思っちゃいけない。「ああこれは過去世の因縁が消えてゆく姿だな、これで消えてゆくんだな、ああ有難い、神様有難うございます」と思う。そうするとどんどん悪いものが消えて、善いものだけ、愛の想いだけが入ってくる。録音と同じだからね。出てくるものとは関係なく、いいことばっかり思うんですよ。

自分は短気だと思っている人があります。持って生まれた短気だ、直るもんか、と威張っている奴がいるけれど、短気というのは過去世の因縁なのです。もし短気が出たら「ああこれで一つ消えました。もう再び短気なんか起こさない」と思うのです。また短気が出たらまた再び起こさない、とやっているうちに、だんだん短気でなくなります。臆病もそうです。嫉妬心もそうです。あらゆるものが、そこで消えてゆく姿として否定しきってしまえば、なくなっちゃうんです。

それで自分の心に、自分はこういう精神でありたいな、こういう人間でありたいな、と思うことをうんと吹き込んでおくといい。自分の欲する姿、欲する世界をどんどん吹き込んでおく。その間、悪いものが出てゆきますよ。出てゆく時に、ああ消えてゆく姿とやってゆくと、消えてゆくに従って、今度は自分のいいものだけ、欲するものだけが残ります。やがて五年なり、十年なりたつと、まるで見違えるような人間になってくる。随分いろんな人に会ったけれども、みんなよくなりました。

神のみ心に照し合わせて生きる

宗教の極意は、神様のみ心を自分の体、行動に現わすことなのです。自分というものを、いつも神様のみ心に照し合わせて生きてゆかなければいけない。神様のみ心というのは先程もいいましたけれど、愛と真と美です。美がないといけませんよ。よく宗教というと美がなくなっちゃう人がある。たとえば、上衣が紫で下が赤かなんかの洋服を着る人がいます。赤と紫じゃ調和がとれないでしょう。霊的になったりすると、余計に変になってしまって「あれどこの人かな」なんていうようになる人もいます。

やっぱり格好もはたから見て、おかしくないように、上等なものを着る必要は何もありません。でもおかしくないようにね。私は買えなかったからしょうがないけれど、今は大概なんとか収入があるんですから、チャンと身だしなみも大事です。あまりきたないと「何、あの変な人」「あれネ、世界平和の祈りやってんの」（笑）ということになるでしょう。「あそこへ行くと、みんなおかしくなっちゃう」というんでは困りますからね。やっぱり感じよくないとね。

「あれあの人、いかす青年ですね」

「まだ大学生なんだけれども、宗教運動をやっているし、とっても立派な人よ」

「そうね、すずやかで、さわやかで……」

というふうであれば、いいお嫁さんも来るでしょうし、いいお婿さんも来るでしょう。

見たところもあんまり変じゃいけません。奇矯ではいけません。奇なる行ないではなくて、当たり前の人間がいいですよ。先生はああだった、僕も先生を見習って、きたない格好をしよう、なんて思わないで、やっぱり身だしなみだけは当たり前にね。

平凡がいい

鼻は縦に、目は横に、花は紅、柳は緑といって当たり前のことがいいんですよ。当たり前の格好して、当たり前の生活をしながら、中味が世界平和の祈りに燃えている。世界が平和であるように、神様有難うございます。そういう愛の心、人類愛の心に燃えているわけね。行ないは当たり前に平静である。会社へ行けば「お早ようございます」「お早よう」「お暑うございます」「お暑うございますね」これでいいじゃないですかね。当たり前でいい。

よくこういうことがある。宗教団体に入る。他の人が宗教をやっていないでしょう。すると、他の人が馬鹿に見えちゃうのです。あの人はマージャンばかりやっていてしょうがない奴だ、とかね。マージャンやるのはその人の勝手ですよね。それを自分のほうが偉くて向こうはバカだと思う。ところがそのバカだと思われた人が、急に偉くなる場合もあるんですよ。ハッと目ざめて、追い越してゆく場合もあるから、人間というのは、いつどんなに偉くなるかわかりません。だから人を馬鹿にしちゃいけませんね。昨日のバカが今日の利口になるかもしれません。私などが気違いみたいになって歩いていた時「ああれは五井の息子。とんだ子供が出来たな」なんて言った人があるかもしれませんよ。だけど、こうなってみれば、そういった人は呆気《あっけ》にとられたでしょう。

私は少年の時から、いい子だったものですから、あんまり人を悪くいわなかった。だから、昔、日立製作所にいた頃、上役だった人たちも、今日になって尋ねて来て「ああ五井さんが始める宗教なら間違いない。あの人は正しい人だから、あの人が始める宗教なら絶対間違いない」って太鼓判を押してくれた。それから終戦後、中央労働学園といって、労働問題専門のところに入りましたが、そこの理事をやっていた人がいたんです。理事さんが二人ともうちの信者さんになっていたんですからね。向こうは理事で偉いんだから、五井君、と呼んだ仲でしょう、それが五井先生といって来ている。その人も偉いんですよね。だけどもこちらが好かれていたから、向こうがそうして来てくれた。

今が大事

皆さんも、今に偉くなるから、今はいいんだ、なんて言わないのよ。今が大事。今嫌われないようにしなければいけません。人に好かれる大人であり、人に好かれる青年でなくちゃいけませんね。すべて理屈で逆《さか》らってくるようではダメだね。たとえば上役なら上役が間違ったことを言ったとしますね、それを聞いてるの。聞くだけは聞くんですよ。それで「あの失礼ですが、僕はこういうように思うんで、こういうのはいかがでしょう」というように、わざわざ聞くようにして言うと「おおそれもいいナ、それはいい、じゃそうしようか」なんてなるのよ。そういうもんですよ。

私が日立にいる時、新聞の編集などをやっていた。原稿を書くでしょう。上役がいて、何か一筆入れないと気が済まない男がいるのよ。折角いい文章を書いたのに、直すんです。文章がダメになっちゃうわけね。「ああどうも」といって、私の通りに私は直すの。それで出来上がってくると「五井君よかったナ」何言ってんだい、私の文章そのままなのよ(笑)。それでもいいの。上役はそうやればいい気持ちなんだからね。大人物になるためには、小さいことをみんな容れちゃえばいいんですよ。都合悪ければ直しておけばいいんです。

親でもなんでも、一応聞いておくのよ。「ああそうですか」と聞けば喜ぶから。そうしておいて、自分の思う通りするんですよ。(笑)そのくらいでなけりゃ大きな人間になれませんよ。それを一々逆らって「課長、そうおっしゃるけどそれは間違っています」なんて言ったらもうダメなのね。上の人は誰でも下の者に言うことをきかせたい。だから言うことを聞いたような格好をするんですよ。相手の心を痛めてはいけない。相手の中にも神様がいるから、愛の妥協で妥協して「ああそうですか」ときいて、自分の思う通りやったってその時裏切るようなことがあったって、何んとも上の人は言いません。上の人は威張ってみたいもの。

大体、人を立ててやるのがいいですね。立てながらニコニコして、自分の想いを通してゆけばいい。大きい人間になるためには、枝葉のことはみんなゆるしてやって、勘弁してやって、それで大きいことを通してゆく。そのためにも、やっぱり日常茶飯事、当たり前の生活をしなければいけませんよ。念のため、私の若い頃やったようなことは、絶対やらないでください。もしそういう男の人があったらお嫁にいっちゃいけませんよ（笑）。そういうわけでございます。

心豊かに生きるには

キリストの言った心貧しき者とは

〝心貧しき者は幸いなり〟というキリストの言葉と〝心が豊かである〟ということとは相反しているように思えるけれど、説明してほしい、ということですね。

キリストの言った心の貧しき者というのは、心が謙虚であるということです。どんな才能があっても、どんな地位に昇ろうとも、自分はへりくだっていて、みんなすべては神様のみ心によって、神様の力によって、自分が〝させていただいているんだ〟というような心というのは、心貧しきものなのです。

物が欲しかったり、お金が欲しかったり、地位が欲しかったりする心が、ふつう心貧しいと思いますが、そういうことではなくて〝へりくだり〟のことを言うのです。

豊かな者というのは、現実的には貧しい生活をしていても、あるいは地位が低くても、いつも神の御恵みを心の中にいっぱい受けて、すべてが有難いなァ、なんといい空だろう、なんと美しい花だろうな、なんといいこの大地だろうな、風も気持がいいし、水の流れも心よし、鳥も囀《さえず》っている、ああなんていいんだろう、というような、どんなに環境が貧しくても、心が大らかに美しく、感謝に満ちていれば、心豊かな者なのです。

どんな環境にも負けずに、環境に把われずに、いつも感謝の心がいっぱいある人は、謙虚であって、しかも心が豊かであるということになるわけです。

宗教の一番の根本を考える

宗教の一番の根本は、環境に把われないで、いかなる環境においても、心が常に豊かであり、明るく美しく生きるということです。それが一番大事なんです。心が縮まっていて環境に負けて、病気なら病気という環境に負けて心が縮まる、貧乏なら貧乏という環境、あるいは不調和という環境に災いされて、心がいつもせかせかしている、いつも萎縮しているというのでは宗教精神というものではないですね。そういうものから脱却するために宗教精神が現われたのです。

お釈迦さまは、老人を見て、人は年をとって体がきかなくなり汚くなってゆく〝老〟の苦しみを感じた。病に冒されて苦しんでいる病人がいる。それらを見て、生老病死という苦しみを解脱するために、どうしたらいいかということを考えて瞑想したわけですね。そして、生老病死の四苦を解脱する路を悟って、それが仏教になったわけですね。

どういうふうに悟ったかというと、悟ったから環境がすぐ直るというんじゃないんです。お釈迦さまの悟りというのは、悟ったといってすぐに病気が治り、貧乏が直せる、すぐ地位が上がるというのではないんです。いかに病身であろうとも、いかに貧乏な環境にあろうとも、いかに追い詰められた環境にあろうとも、地位が低かろうとも、心がそういうことに把われないで、そういう外界の想念波動を超越して、心がいつも豊かで明るく美しく生きられる方法を悟られたわけです。

本当の生命を現わす

仏教を煎じつめれば、肉体生活の喜怒哀楽、五感六感に感じる苦しみや悩みを超えて、本当の生命、真実の世界、本心から来る喜び、美しさ、平和、調和を肉体に現わそうということです。それを現象的にいいますと、心が本当に豊かになり、解脱して、美しくなり明るくなれば、貧乏でなくなってくるし、病気は治るでしょうし、地位も上がるでしょう。いろんなことが現象的にも効果が現われてくるのは必定なんです。

何故かというと、本当の世界から現われて来ているんですから、本当の世界は完全円満で、貧乏はないわけだし、富んでいる、明るく美しく調和している。自分の思うことはなんでもなるような世界です。ところがこの世の中では、自分の想うことは何事も成らないんです。逆に現われている。金持ちになりたいなりたいと一生懸命稼いでも、金持ちになれない。病気を治したい治したいと思っても、病気で苦しんでいる。仲良くしたいと思っても喧嘩している。

ところが本当の世界は想う通りにならなければならないわけです。本当の世界は、大調和ということです。みんな仲良くする、自分の心が平和である、あらゆるものに把われない、自由自在に動ける、創造力もあるというのが本当の世界ですから、その世界へゆくためには、肉体の五感六感の想念波動を超えていなければならない、という方法をお釈迦さまは教えた。言葉でも教えられたし、いわゆる統一して座禅観法して教えられたわけです。イエスもそうなんです。〝汝らの内なる神の国を観よ〟といった。自分の内にある、心の中にあるんだから、それを観なければだめだというんです。

宗教というのはどういう教え方をしようと、基本は人間の本体を悟らせようとしているものです。神と人間との関係をはっきりさせて、自分の本心が、どこの世界にいても、そのまま現われてくるような人間に仕立てあげようとして、宗教の先達はみな苦労して来ているわけです。ところがそれがなかなか出来ない。出来た人もあるんです。まあイエスやお釈迦さまが出たから、なんとかかんとか、この世の中は持っているわけです。聖者賢者が出てその教えがひびいて、この人類の崩壊を防いでいるのです。

宗教を相当やっていても何かはある

防いではいるけれど、現実は常に苦悩に満ちている。争いに満ちている。不調和に満ちているわけです。一人の人間がいる。AならAという人がいる、Bがいる。C、Dとたくさんの人がいるけれども、一人一人が完全円満ではないわけです。みんな何か悩みはあるし、苦しみはある。不平もあるし不満もあるし、悲しみもある。宗教を相当やっていても悲しみもあるし、何か割りきれないものがある。特別な人を除いては、みなそうですね。

それが一人の場合はそれですむのです。五人、十人、千人、万人、百万、二千万人と寄ってくると、国なら国というような形になってくると、今度は国の業《ごう》として出てくるわけです。自分の国を守りたい、自分の団体を守りたいという気持ちが出て来て、片方も自分の国や団体を守りたいという利害が反すると、そこに争いが起こってくる。仲よく出来ない。

日本などは幸いに海に囲まれているから、国境の接触がないから、割合に無事にすんでいるけれど、他の国というのは大概、国境線で接触している。だから境界線の争いをしたりする。そのように、つねに自分の利益のために相手国を敵とみるわけですよね。その対立感情が烈しくなる。

一人の業は大したことがないのに、二人になるとそれが二倍になる。三人なら三倍になる。一億なら一億倍して大きなものになって現われてくる。それが戦争とか憎しみ合いとかになるんですね。煎じつめれば、一人一人の人間が業想念に煩わされないで、業想念を解脱して、真実の姿、本心を現わしていさえすれば、国と国との戦争などなりっこないんだし、人類は平和になるわけです。

国家を平和にし、人類を平和にするためには、やはり一人一人の人間が大事なんです。

どんな老人であろうと、子供であろうとも、一人一人の想いというものが人類の運命に影響するわけなんです。

邪魔なものは消えてゆく姿にする

そこで私どもがやっているように、現象界のことはすべて消えてゆく姿なんだ、喜怒哀楽も全部消えてゆく姿なんだ、どんな苦悩も消えてゆくのですから、消えてゆくんだと思って、それを世界平和の祈りの中に入れさえすれば、もともとは神の大愛、大調和のみ心がそのまま光となって常に入って来ているのを、欲望や雑念が邪魔していたわけですから、その邪魔なもの、消えてゆく姿として現われているものと引き換えに、本心の姿、本心の光がこちらに入ってくるのです。業と光を入れ替えるわけです。

そのようにすれば、一人一人が全部、いつの間にかきれいな気持ちになってゆく。たとえば一〇〇〇の汚れがあったものが、五〇〇にも減り三〇〇になり一〇〇になり、しまいには一になり、無くなる、という形になる。

一人一人が浄まってゆくと同時に、世界平和の祈りという祈りのひびきが、大光明波動になって世界中にふりまかれる。そうすると世界が少しずつきれいになってゆく――そういうことを皆さんはやっているんです。

実際に、世界平和の祈りをやっていけば、普通ならば越えられないような苦しみ、たとえば子供に死なれるとか、最愛の夫に死なれるとか――そういう苦しみの時にはペチャンコになってしまうのが〝ああ、これは過去世の何かの因縁の消えてゆく姿だなァ〟というように想える。そう想ったのをまた世界平和の祈りの中に入れてゆく。それで心が支えられてゆくわけですね。ふつうそういう祈りがなければ心が支えられません。宗教のない人の苦しみが一〇〇とするならば、同じ苦しみがあっても一〇ですむという形になるわけです。反対に喜びは倍加してゆく。あらゆることをいい方に良い方に変えてゆく、そして悪いものはみんな消えていって、あとから本心が開けてくる――それを観じつづけているわけですね。

同じ苦しみがあっても心は平安

そうすると、今生でずーっと善くなる人もあれば、今生ではそう善くならなくても来生で善くなるとか、常に善いことばかりを心の中に（わざわざ想うんじゃないけど）思う。悪いものは消えてゆくんだから、自然と残るのは、いいものばかりにきまっています。玉石混交の世界ですから、悪いものがどんどん消えてゆけば、後に残るのは善いものだけになる。根源にある光だけが残ってゆく。本当の姿だけが現われてくる。そういうことがわかっていますから、同じ苦しみがあってもズーッと楽です、そして心は平安です。

宗教をやらない人よりもズーッと平安なわけです。その平安なひびきが人類に影響してゆく。一人だと大したことじゃないと思うけれど、そうじゃない。たとえば国家が支えられているのは、一人一人の税金によってまかなわれているからでしょう。一人一人が税金を出さなければ、国家は支えられていかない。それと同じように、皆さん一人一人の光が国家人類を支えてゆく、国家人類の業を浄めてゆくということになるんです。

だから、一人一人の世界平和の祈りが大事なんだ、と言うんです。

そういうわけですから、常に心はへりくだりながら「ああ神のみ心が私になさしめ給うのだ。神様がここにいて、私を生かしていて下さるのだ、あとはみんな消えてゆく姿、悪いものは消えてゆく姿。神様は愛なのだから悪いことをなさることない。もし悪いことが現われたら、自分の過去世における間違っていたものが、消えてゆく姿として現われてゆくんだ、ああ有難うございます。一日も早く悪いものがみんな消えますように、本心が開きますように、世界人類が平和でありますように」そういうように常に常に祈るわけですね。そうすると自分は威張ることなく、自分の魂は向上していくわけです。それで心は豊かに明るく美しく生きられる——ということになるんです。

（昭和40年10月17日）

第4章

運命は必ず好転する

明るい運命をひらく

想いが運命をつくる

一番大事なことは、いのちというものと想いというものとは違うんだ、ということです。いのちは天から、神様から分け生命として、この肉体に宿っているわけです。そのいのちのエネルギーを使って、自分が想ったり意識したりするのです。想念行為はみんな生命エネルギーを使ってするように、神様から自由をゆるされているわけです。

神様はいのちを分けて下さり、人は分けられたいのちの生命エネルギーをもって、自分の運命をつくってゆくわけです。ですから、自分の運命が悪かろうと善かろうと、それは神様のせいではなくて、自分の想い、想念行為のせいなんです。自分の想念や行為で自分の運命は決まってゆくんです。ところがなかなか面倒なことに、今生だけの想念行為ではないのです。過去世の想念行為が今生の運命を生むわけなのです。ほとんど（数字で現わせば八〇％）前生、過去世でやったことが、その人の運命に現われてくるのです。

たとえば、麦が出来るのでも、稲が出来るんでも、草花が咲き実がなるんでも、以前植えたものがなるわけで、植えたとたんに実がなりはしません。それと同じように、人間の運命も、前に行ったこと、前に思ったことが現われてくるわけです。そこで、過去世から今日に至るまでの想念行為が、今の自分の運命として現われてくるのだ、というのです。

今、現われてきたことに対して、とやかくいったところで仕方がありません。今の運命が悪いから、今、病気だから、それでなんだかんだといっても、過去世のことが現われてきているんだから、どうしようもないわけです。今、現われてきたことに対して、どうのこうの泣いたって叫んだって、現われてしまったことなんだからどうしようもない。そこで大事なのは、これから現われる運命に対して、重大な関心を持つ必要があるわけです。

ふつうの宗教ですと、お前がこう思うから、こういう行ないをしたから、こういう運命が現われたんだ、お前が悪いんだ、と言います。夫と妻の仲が悪ければ、夫を拝まないからお前が悪いんだ、と言います。たしかにそうには違いないのです。しかしそういわれてもなかなか拝めません。短気の想いがあって、短気を直せ直せといっても、なかなか短気は直りませんですよ。

また把われてはいけない、と言われる。悟るということにも、あらゆることに把われてはいけないということも、実際その通りです。しかし把われてしまう。そういう人間の弱点がありますね、それは習慣の想いなんです。習慣の想いというのは、過去においてズーッと録音されていたもので、録音機が動いていれば、自分が今思おうと思うまいと、どんどん録音されたものが出てくるわけです。出て来たのを聞いて、ああしまった、あんなヘンなことをやっちゃった、あんなまずいことをいっちゃった、といったって、テープはまわっているのだからどんどん出て来ます。出て来たものに文句をいっても仕方がありません。今度録音する時にいいことを録音しなければいけません。

今、自分の運命が悪ければ悪いほど、いい運命になるような想いを持たなければいけない。暗い想いの人には暗い運命が出てくる、悲しい運命というのは悲しい想いばっかりを過去世から持っているから、出てくる。過去世で人をやっつけたから、今度は人にやっつけられる。自分の想いや行為が自分に還ってくるのです。

明るい想いを出すために

そうしたら、暗い想いの人は明るい想いを出せばいい。短気の人はのんびりすればいい。妬み深い人は妬みのないようにすればいい。ですけれど、なかなかそうなれない。想いがグルグルまわっていますからね。

そこで神様が、ああそういうことはできないだろう、自分じゃ出来ないだろう、だから、お祈りを通して観を転換しなさい、と消えてゆく姿という教えを出されたのです。

短気が起こってきた時にはなかなか出来ないでしょうから、短気が起こりそうな手前に、あるいはなんだかわからないけれど淋しいような気持ち、悲しい想いが出る時があります、その時、その起ころうとする時に、過去世の因縁が現われて消えてゆくんだな、神様どうか過去世の因縁が消えますように、世界人類が平和でありますように、私たちの天命が完うされますように、神様有難うございます、と祈りに変えてしまうのです。起ころうとする手前に変えると、実際に現実の世界に現われないで済みます。

熟達するまでになかなか時間がかかります。大体は怒っちゃってから思うんです。短気を起こしてからでもいい、何かを起こしてからでもいいから〝ああ今のは消えてゆく姿だな〟と思ってお祈りにかえれば、今度は明るい想い、つまり世界平和の祈りの、神と一体となった想いの運命が現われてくるわけなのです。

だけど起こる前にそれが出来ればなおいいわけです。ということは、間断なく平和の祈りをしているということです。間断なく神様有難うございます、守護霊さん守護霊さん有難うございます、と常に守護霊さんに感謝し世界平和の祈りをしていれば、この人はいつでも神様と一体になっています。そうすると、いやでも応でも、いい運命より現われようがないんですよ。

運命を変える

本来が神の分け命なんだから、光り輝いているいのちの波動なんだから、悪いものが現われるわけはないんだけれども、過去世からの想念行為の業の想いが、命の光を覆い、いのちの働きを縮めてしまうので、悪いものが現われてくるわけです。それが地球上に充ちみちている。想念波動というのはエネルギーですから、生きているわけです。グルグル自分の波動圏をまわっているわけです。

お互いの波動圏で似た波動がふれ合う。それで淋しい想いがあったら、淋しい想いの人とふれあって、淋しいものが入ってくる。怒りの想いと怒りの想いの波動圏とぶつかって、怒りの波動が入ってくる。同じような想いがお互いに行ったり来たりしている。

そういう想いというのは習慣の想いですから、運命を変えるためには、その習慣の想いを変えなければいけない。例えば左側ばかり歩いていたら悪いことがあったとします。そしたら右側を歩く練習をすればいいでしょ。短気ばかり起こしていたら悪いことがあった、そしたら短気を直さなければいけないから、違う波動にしなければならない。しかし直そう直そうと思っても直らないから、そこで悪い想いを持ったまま、間違った想いを持ったままでいいから、世界人類が平和でありますように、守護霊さん守護神さん有難うございます、というように祈りの中、光の中に入れてしまいなさい、というわけです。

表面のこころも納得する祈り

これは浄土門の真宗などの教えと同じなのです。罪悪深重の凡夫だから、自分じゃどうしようもないんだから、阿弥陀《あみだ》さま助けて下さい、阿弥陀さまと一つにならせ給え、で南無阿弥陀仏《なむあみだぶつ》と唱える。南無というのは帰命するということ、一つになるということで、阿弥陀さまと一つにならせ給え、南無阿弥陀仏と唱えるわけです。それを私は、世界人類が平和でありますように、という祈り言に変えたわけです。私が変えたのではなく、神様がそうさせたわけです。

世界人類が平和でありますように、というのは誰でも思わない人はありません。世界が平和になればいいな、どうやったら平和になるだろう、もう一遍、戦争があったら大変だ、天変地異があったら大変だ、いつも平和でありたいものだ、とふつうの頭の人は思います。ですから、世界人類が平和でありますように、という時には、自分の心が納得します。表面の意識が納得するわけです。本当にそうだそうだと納得する意識と、潜在意識が結びつくのは、こういう意味のわかった唱え言なんです。世界人類が平和でありますように、という人類が切実に思っている、意味のわかった祈り、言葉です。それが潜在意識とピタッと合う。

その潜在意識の奥に、神様のみ心が在るわけです。神様のみ心は、みんな人類は兄弟姉妹で仲良くすることを願っているわけです。神様は親様ですから、子供たちが喧嘩するのを喜ぶわけがない。親様のみ心、神様のみ心と人間の心とが一つになるのが〝世界人類が平和でありますように〟という祈りの言葉なんです。

この人類愛的、大乗的な祈りの言葉の中に、罪悪深重の凡夫の自分のすべてを入れちゃうのです。念仏のように、駄目な自分も、駄目なあなたも、駄目なあいつも、駄目な国も、駄目な地球も、全部、世界人類が平和でありますように、の祈り言の中に入れてしまう。毎日毎日、瞬々刻々に入れてゆく。そうすると、世界平和の祈りというのは、救世の大光明といって、神々が集って大光明波動になって人類の業を消そうと思って、一生懸命光を送っている所ですから、その大光明の中に人類の業がどんどん入ってゆく。肉体の人間には消せないものが、その大光明の中でどんどん消してくださるわけです。自分の業と一緒に、親類縁者の業も、世界人類の業も持って、世界人類が平和でありますように、といって各自が昇ってゆくわけです。そういう人が多くなればなるほど、地球の業はどんどん減ってゆくわけです。

知らないうちに役立っている

日本は大地震でだめになるとか、世界が滅亡するとかいう予言がたくさんあります。たしかに危い面がずいぶんありますが、大地震がどこそこにあるといったのが、全部現われていませんね。それは何故かというと、皆さんの世界平和の祈りの力なんです。他の人の愛の祈りもあります。他の宗教団体や目立たない人たちの祈りの力も随分あります。だけど皆さんの世界平和の祈りが、天変地異の波動や戦争の波動をどんどん浄めているので、現実の世界に現われないようにしているんです。

皆さん方は、皆さん方を救うと同時に、知らないうちに世界を救っている、人類のためになっているんです。それは八十のおじいさんも九十のおばあさんも、三つの子供も病床で寝ている人たちでも、平和の祈りをしている人は、みんな世界人類のために役立っているんです。そういうように神様からしむけてくださっているんです。

そういう方法を大神さまが私に授けてくださった。それで私が中心になって、一生懸命、世界平和の祈りをしています。そうすると光の波動が地球をグルグル廻っていって、浄めて洗っているんです。掃除も洗濯も、守護霊守護神さん、宇宙の神々、宇宙の大神さまが参加している救世の大光明の中でされてゆくわけです。

ところが余った業があるんです。それが私のところにくるわけです。地球の業想念が来るわ来るわ、朝から夜中まで、体中におそってくる。それで体中が痛いわけですよ。お腹も背中も痛いわけです。その時先生少しもさわがず、じーっとその痛みに耐えて、ニッコリ笑って浪花節かなんかを歌いながら、冗談言いながらやっているわけです。

こうしてこの演壇に立ちますでしょ、痛いのは痛いんですよ。痛いのは消えてゆく姿です。どんどん消えてゆく姿です。私には関係ないんです。私の体を通して消えてゆきますから、別に関係ない。痛いのは痛い。それは勝手に痛めばいいんです。私はこうして話をすればいい。神様の話をして、お光の話をして、みなさんが本当にわかってくださって、〝ああ自分が救われると同時に、人類のためにもなるんだな、ああ世界人類が平和でありますように、私たちの天命が完うされますように、守護霊さん守護神さん有難うございます、という祈り言をしてさえいれば、自分も救われるし、人類のためにもなっているんだなあ〟という素朴な想いで、私のいうことを信じてやってくだされば、本当に自分も救われてゆくし、世界も救われてゆくわけです。

人間というものは、本当は肉体じゃないんです。人間というものは神様の光で、もとの神界にも、霊界にもずーっと映って肉体界にきているわけです。だから皆さんが、世界人類が平和でありますように、守護霊さん守護神さん有難うございます、といってお祈りしている時は、守護神さんの高さまで皆さん方は行っていらっしゃるわけです。それで肉体はもう空《から》っぽで、光になっているから、業が通過したってなんでもないんです。

人類の大犠牲者

イエスキリストの映画をみましたが、どうしても涙が出てしまう。骨ばかりのあの細いやせた体で、むち打たれながら、重い木の十字架を引張ってゆく姿には、涙なくては見られません。そしてはりつけになって亡くなってゆく。あれは人類の業を背負っていったのです。イエスさんがはりつけにならなかったら人類の業はもっとひどい。地球はもっと前に滅びていたかもしれない。イエスばかりではありません、他にも随分あります。そういう人を大犠牲者というんです。人類の犠牲《いけにえ》です。人類の業を自分の所へ引き寄せて、業をしょってはりつけになって死んでいかれた。

ですからキリスト教の人には随分犠牲的な人が多いですよ。外国の牧師は、なんにもわからない、どんな危険があるかわからない未開の土地へ行って、布教に当ったりしている。あるキリスト教団の宣教師が五、六人で未開の土着民の所へ行ったそうです。人喰い人種の所だったらしいんですね、それで全部殺されちゃったんですって。そんな危険な所まで行って、身を犠牲にして布教し、そして人類を救おうとするわけ。それはキリスト教の真髄ですね。キリスト教の人は本当に犠牲精神が強いです。それは何故かというと、イエスキリストが大犠牲者になって、死んでいったから、イエスにあやかりたいというので、みんな犠牲的な精神で行くわけです。その代わり犠牲になった人は、神界の大変高い所で働いていらっしゃる。

私なども大犠牲者に選ばれているわけで、イエスはいっぺんにはりつけにかかりましたが、私は三十歳ぐらいからズーッと毎日はりつけにかかって、地球の業を引きよせて浄めています。ですから体がどこかしら痛い。一人の業を背負っても大変なのです。たとえば幽霊がついてごらんなさい。病気になってしまいますね。夜中に押えられてしまって、朝になっても起きられないような時がありますでしょ。ああいう時は幽霊がきているんです。幽霊の一人ぐらいがおぶさっても自由にならない。私の場合はお役目ですから、たくさんくるわけです。それをズーッとやってきて、もう大分なれましたよ。痰《たん》にも、息苦しさにもなれたし、頭痛にもなれたし腹痛にもなれたし、眠れないのにもなれたし、いろんな痛みがいろいろ変化してくるけれど、ああこの痛むことによって、人類がそれだけ浄まっているんだ。私が痛むことによって、未然に災害が防げるならこんないいことはない、と喜んでいます。

その喜びが浪花節になったり、歌謡曲になったりして、私の口から出てくるわけです。

〝痰のおやじが悪いのか、ガスの子供が悪いのか〟（テレビドラマ「非情のライセンス」のテーマソングをもじって）なんて冗談をいいながらやっているわけです。私のようなお役目の人が手分けしてやれば、地球人類は楽に救われてゆくと思います。

世界平和の祈りだけは絶やさずに

皆さん方はほんの少しづつ、お腹が痛いくらい我慢して、世界平和の祈りを祈っていらっしゃると、自分の業と一緒に世界人類の業が浄まってゆくわけです。みなさんはいろいろな家庭の仕事もあるし、会社の仕事もあってお忙しいけれど、その何分の一かを削って、世界平和の祈りの普及をしたり、パンフレットを配ったり、白光誌を配ったりしてもいいと思います。

私は人がいいというか、なんか皆さんがやってくださると、有難いなア、家庭のこともあるのに、あんなに働かして悪いなア、あんなにお金を使わして悪いなア、そんなことばっかり思っている。だけど考えてみると、なんだ私のためにやってもらっているんじゃないんだ、世界人類、地球のために働くのに、私があやまることはないじゃないか、と思うのよ。そう思うのに、有難いな、ああすみませんねエ、と思っちゃうんです。だけど本当はみんなが手分けして救わなければ、地球は救われないんです。

ですから、家庭の仕事をしながらでも結構ですから、せめて世界平和の祈りだけを絶やさずに祈って、一人でも二人でも多く平和の祈りをする人を増やしてもらえば有難い。平和の祈りをする人が増えれば増えるほど、みんなが楽に働けて、地球が早く救われる。大きな地震があるのに地震がなくなるし、大きな戦争があるところを小さくてすむ、とかいろいろな形で消えてゆくわけです。

そういう意味で、自分が救われると同時に世界も救われるんだと思って、どうか一生懸命祈って下さい。一生懸命といったって、悲痛になることもなく、力ばることもありません。軽い気持で、歩いていても、寝ていても、ご飯を食べながらでも、世界人類が平和でありますように、という想いを心の中に持っていてくだされば、それであなた方は菩薩行をしていることになるんですから、こんな楽な人類救済の方法もなければ、こんな楽な善いことをする方法もありません。

どうぞ気楽な気持ちで、世界人類が平和でありますように、守護霊さん守護神さん有難うございます、という生活を続けてくださることをお願いいたします。

（昭和49年12月15日）

運命をつくり直す

運命のフィルムが何本かある

人間は今三十才の人であっても、六十になる未来というものもダブって映っているのです。赤ちゃんの時から未来まで、霊界にゆくまで、また霊界に往ってからのことも、ちゃんとフィルムに映されているのです。それが一つのフィルムだけに映されるじゃないんです。いくつものフィルムが出来ている。Aコースのフィルムもあれば、BやCといろいろな角度で運命のフィルムが映っているのです。

神様に近い生活をした時の運命、サタンと同じような業想念の中で生活している運命と、中間的な生活をした時の運命、というようにフィルムに映されて出来上がっているのです。それがこの現象世界にどんどん映されて来るのです。ですから、自分は常に守護霊、守護神と一所になって、神様の世界で神のみ心のような心で生活している場合には、神界のフィルムのほうがズーッと多く出てくる。たまたま落ちて業想念の中で生活するようになれば、業想念のフィルムがそこにつなぎ合わされて映ってくるのです。

今ある姿は過去世から現在に至るまでの想念行為が、結果として現われている姿。例えば、今、結婚して夫なら夫に亡くなられた人があるとか、子供が悪くてしようがない、というのは、それは、今ある姿じゃなくて、過去世からのものが今現われているということです。今は会社の地位も上がって、お金も出来て、裕福で楽だ、というのはどういうのかというと、過去世の善行為、想念が結果として今現われているのです。

いい結果も悪い結果も、今は結果なんです。過去世から今日に至るまでの想念行為の結果がそこに現われている。だから、どうしたらいいか、というと、これから先の運命をつくるんです。過去のことはもう済んじゃっているし、今のものも済んでいるんです。今みなさんはこの道場に坐っていらっしゃるけれど、過去世において済んでいるわけです。だからこれから先の人生、または来生、あるいは霊界での姿をつくるために、これから努力するのです。

自分の望む未来をつくればいい

だから過去のことに把われることはないんです。過去において、自分は気が弱くて、今日まで勇気がなかったとする。しかしそれは、過去世から今日に至るまでの癖なわけですから、あらためて、自分の好ましい人間につくり変えればいいわけです。自分は西郷さんのような人間になりたいんだ、と思うなら、そういうようになる努力をする必要があるわけです。だから、毎日毎日、日々瞬々刻々、自分をつくり変えてゆくのです。毎日毎日、自分の運命をつくっているわけなのですよ。

今、悪い環境にあったとしても、それは過去世から今日に至るまでの想念行為が、そういう環境をつくったのだから、これから自分の環境をつくり直せばいいのです。つくり直すには、はじめから行為に現わせない、行なえないから、想いの中で先につくるのです。どういう姿がいいかつくるのです。

といっても、大概自分でつくる自信がないでしょう。たとえば自分が貧乏でもって、食べるのにやっとだ、という人が、急に金持ちになるということは考えられませんでしょう。そうしたら、そういう運命ごと神様に任せちゃうんです。

「神様どうか私の天命を完うせしめ給え、どうか社会国家人類のために役立つ人間にさせ給え」あるいは「愛深い人間にさせてください」とか、自分の思うことを神様に訴えるつもりで、世界平和の祈りをするわけです。それは神様に任せた祈りですから、神様のほうで、その人に適当な運命につくり変えてくれます。いうなれば、自分の想念でつくる運命もあるし、守護霊、守護神が加勢してその想念を直してくれてつくる運命もあるわけです。フィルムは出来ているけれど、うまく修正して守護神さんが直して、つくり変えてくれることが随分あるわけです。

だから、自分の望みがあったら、望みを神様に任せて「神様、どうか私の天命が完う出来ますように、どうか人類のため、人のために役立つ人間になりますように」というように祈ることです。それで毎日明るく、勇気りんりんと生きなけりゃだめですよ。今にきっとよくなるに違いない、と悪いことが出れば出るほど、ああこれは過去世の因縁が消えてゆくんだ、これで消えたんだナ、今によくなるに違いない、という想いで、神様に感謝しながら、平和の祈りをしながら、毎日毎日生きていれば、これは必ずよくなります。

私などもあまりいい環境に育ったわけじゃありません。貧乏人の五男坊ですからね。やっと食べられるくらいだった。それがどうしてこうなったかというと、何か世の中の役に立つために、人類の役に立つために、どうか私をお使い下さい、と神様に私のすべてを投げ出した時から運命が変わったんです。神様に全託した時から運命がまるっきり変わって来た。だから皆さんも、神様に全託した時から運命が変わるわけです。

肉体の自分にはなんにもわからない

大体、全託するにもしないにも、自分の運命なんてなんにもわからないんですからね。わかったような顔をして生きているんです。俺のことはオレが一番よく知っている、なんにも知らないのに、一寸先のことも知らないでもって、そういうことを言う人がよくあります。なんにも知っていないのに知ったような顔をするわけです。自分の心臓を見たことがないでしょう。知ったような顔をしている。自分の脳の中だって見てないでしょう。胃のあるのは確かだと思っている。中味なんか何にも知らないんですよ。よく考えてごらんなさい。脳の中も知らなけりゃ、心臓も、眼だまの中も知らない。胃腸の中も——手術した人は見たかも知れないけれど、知らない。知ったような顔をしている。一体、知っているのは誰でしょう。

みなさんの身体中を知っているのは守護霊さん守護神さんです。守護神さんが息を止めようと思えば、肉体の息はすぐ止まっちゃいます。守護神さんからすれば息を止めるのも、目をつぶらせるのもわけないんです。私は目玉を一つずつ動かされたように、中からやればなんでもないんですよ。守護神というのはよーくよーく知っているのです。

私はそういう守護神さん方のやり方がよくわかっている。だまそうったってだまされない（笑）神様はだますからね（笑）助けようと思ってだまします。斎藤秀雄さんはさんざんだまされたんだけれど、それだけ偉くなった（笑）。斎藤さんなんか本当のことを言ったら一家心中して死んじゃっていた。それを仕事が出来ないことを、出来る出来る、今に出来る——よくなりゃしない一つも。潰れるに決まっているのを、よくなるよくなると言われた。よくなると思うから借金も出来るじゃありませんか。だめだと思うと借りられないんだけれども、よくなると思う、返せると思うから借りてくる。それで食べていたわけ。だめだと言われたら、もう一家心中になる。よくなるよくなるで借りておいて、宗教の中に入っちゃった。そのうちに借金は返しちゃった。

時を延ばせばお金というのは返せるんだけれど、運命が悪いと間がもてないわけよ。これを一週間なら一週間もたせれば潰れないのに、一週間もてないでだめになっちゃうわけね。もう一寸待てばね。だから指導というものは、真実のことを本当に言えばいいんじゃないのです。「あなた、顔色悪いね、もう一と月もするとだめだよ」そんなことを言ったらだめでなくたって駄目になっちゃうでしょう。

正直も過ぎては及ばない

馬鹿な指導者というのは、真実のことを本当に言えばいいと思う。霊能でわかるからね。真実のことを本当に言って助かるもんじゃないんです。嘘を言ったために助かることが随分ある。私などその名人だから——（笑）古くからの人は「先生、昔の若い時はよかった」とよくいいます。若い時はなんでもかんでも真実のことを言ったんです。ある日、悪い奴がいて困っている、というの。「ああ心配することはない。それは何年何月何日何時何分に汽車で轢《ひ》かれて死ぬから、そんなの放っておけばいい」そしたらその男は言った通りに汽車に轢かれて死んじゃうの。それを聞いた人がびっくりして、ああ先生は怖ろしい、あんなに死ぬことが当たるんだから、いいことも当たるんだろうって（笑）そういう恐《こわ》もてで初めついていた。それがだんだん利口になって、真実のことを言わなくなった。そうしたら「先生当たらない」当たらないんじゃない、当てないんだから（笑）。

当てないために助かっている。当てたから助かるのか、当てないから助かるのか、これはわからないですね。

要するに宗教の道というものは、人を立派にすればいいわけです。立派ないい行ないの出来る、勇気凛々《りんりん》と明るい人をつくればいいわけなのです。うまく導いていけばいい。なんでもかんでも本当のことを言えばいいというもんじゃない。正直すぎて馬鹿がつく人がいる。会社づとめでも、馬鹿正直の人はあんまり偉くならない。社長のやり方が悪いとする。「社長、あなたのやり方は悪いです」と言えば、社長が悪くたって、社員に言われたんじゃシャクにさわるから、なんだこのヤロー、あいつうるさいから、なんていうことになって飛ばされちゃう。嘘をつけというんじゃないんですよ。人を生かす場合には嘘も方便。自分の言い訳けのために嘘いっちゃだめです。それは自分を傷つけるから。

いつでも根本は愛なんです。愛で導いてゆく、すべてを愛で導くのです。ところが宗教をやっている人は本当に正直なのです。正直で自分を縛っちゃうのですよ。例えば、旦那さんが宗教をやってなくて、自分だけでやっている場合があるでしょう。正直に信仰しているといえば、旦那さんは寄越さないです。けれど言わなければなんだか気持ちが悪い、ということがあるでしょう。どうすりゃいいのかね。

言わなくたっていいじゃないですか、悪いことをするんじゃないから。何か買物に行くついでにして、ちょっと足を伸ばして、親戚の人のところへ行って来ますって、道場にくればいい。そのうち、その人の行ないがだんだんよくなってくる——今まで夫にツンツンしていたのが、みんないい人でみんな過去世の因縁がぶつかって消えてゆく姿なんだ、あうちの人の天命が完うしますように、みんなが仲よくなりますように、とやってますと、いつの間にか立派な明るい奥さんになる。すると「うちのやつ随分変ったな、なんでこう変ったんだ。バカによくなったな、どうしたんだろう」というちに、何か白光誌がチラチラ見えたり、本がチラチラ見えたり（笑）で本を見る。「なかなかいい本だ。いいことを言っている。この五井という人はいいな（笑）ちょっと行ってみるか」なんていうことになるんですよ（笑）。

身近かな人に好かれるようになろう

自分の行ないを一つもよくしないで「私は信仰に行くのよ」「なんだ、そんな所へ行ったってしようがない」「自由でしょう」なんて言って（笑）喧嘩腰で出て来て、ますます威張っちゃたりしたんじゃだめです。「あなたはバカ。何もしていないの。私は消えてゆく姿で世界平和の祈りをしているの。あなたはなんにもしないでしょう。何してんの。マージャンばかりやって」（笑）これでよくなると思いますか。よくなりっこないでしょう。だから宗教の道に入ったら、まず自分の行ないがよくならなければいけません。

まず一番身近かな人に好かれなけりゃだめですよ。身近かな人というのは、ご主人あるいは奥さんそして子供です。ご主人や奥さんや子供に、ああなんてお母さん（お父さん）

よくなったんだろう、五井先生のところへ行ったらよくなったな、やっぱり先生は偉いんだ、となれば、私まで偉くなるでしょう（笑）やっぱり自分がよくならなくちゃね。

私などもそうです。自分のことを言っちゃおかしいけれど、本や白光を読んだり、話を聞いている人が会いに来て「なんだ話に聞いたけどつまんないヤローだな」なんて言われたんじゃおしまいだけど、そう言っていないです。会ったら「こわそうな顔をした、すごそうな人だけど、会ってみたら優しかった。サアいらっしゃいいらっしゃいと言ってくれた」って喜んで、涙流していくんですよ。

なんといっても、親しくなれば親しくなるほど、いい人だなァーと思われる人にならなけりゃだめです。初め会った時はいい人だなァーと思う。初めて会うんでお世辞を言うからね。だんだん回数を重ねて会っているうちに、いやな奴だ、あんないやなところがあると思わなかった。本当にいやなところがある、なんて思われるような人じゃだめですよ。裏から見ても、表から見ても、なんと好ましい人だな、と思われる人間になるように（なかなかそうならないけれど）やっぱり努力はしなければなりません。

それには消えてゆく姿を主にして、悪いものはみんな神様に消して消して消してもらうんです。消してもらって、あといいものだけが残る。そういう人間になればいいでしょう。そのためには、たゆみない消えてゆく姿で世界平和の祈り、神様有難うございます。みんなが幸せでありますように、神様有難うございます、とあらゆるものに感謝する心で生きてゆけば、その人が悪い顔をしているわけがない、いい顔になるに決まっているんです。

（昭和49年2月10日）

運命の好転を信じつづけよ

どうにもならない運命はない

いかなる病でも、いかなる貧乏でも、いかなる苦しみでも、どんなにお試しがあっても、神様にしっかりつながってさえいれば、必ず明るい世界が来ます。

今この世が混沌として、今にも大戦争が勃発しかねないという、瀬戸際のような現代においても、暗い面をみないで、暗いことはすべて消えてゆく姿にして、世界平和の祈りの中に投げ入れてゆけば、世界平和が必ずくるのだ、ということを知ってください。

個人の生活というものは、大きな地球の運命と同じなのです。いかなる悪い運命でも必ず良くなるのです。悪くなるんじゃないか、死ぬんじゃないか、うちは駄目になるんじゃないか、というのではダメになってしまいます。

〝汝の信仰、汝を癒せり〟で、自分の想いが決定するのです。だから想いが常に明るく、いつも明るさを信じ、運命の好転を信じつづけることです。途中で止めたら仕様がありませんよ。

ここにトンネルがあります。いくら歩いても暗い。もうここで休んじゃおう、と歩かなければ出口へ出ませんでしょ。どんなに暗かろうと、一生懸命歩きつづければ、やがてトンネルの出口へ出て、明るい世界に出るのです。それはどなたの運命もすべてそうです。誰も彼も〝私の運命はどうにもならない〟ということは、絶対にないのです。

私の救い方はどういうものかと申しますと、はじめ厳しいことは言いません。困って困って、どうにもならない人に向って「あなたの心が悪いから、あなたの運命が悪くなった」「あなた方夫婦の仲が悪いから、子供がこうなった」「あなたの暗い想いがこうした状態をつくり出した」と小言をいっても仕方ありません。その人たちに小言を聞いている余裕がありません。小言よりもお金がなかったらお金を貰ったほうがいい、病気だったら病気治しをして貰ったほうがいいのです。現実になんらかの救われがないと、その人はそれで終りになってしまう。

たとえば五年なり七年なりたって、明るい世界が来るとします。その時に「あなたの運命は五年も七年もたたなければだめだ」と言われたら、その人は生きていけません。一家心中でしょう。その場合、智恵のない霊能者ならば「あなたの運命は真暗です、救いようがない」といいます。それだったら神様も仏様もない、信仰もなんにもないわけですよ。

秘訣は明るい方に向く想い

ところが私に宿っている神様は、どんなに暗い人でも明るい方明るい方、徹底的に明るい方をみせるわけです。その間、それこそ嘘もつかなければならない。七年も八年もかかるものを、明日だ明後日だというのですから、七年嘘をつき通すなんてなかなか大変なんですよ。出来るものではない。

たとえば川があるとする。自分が跳べるのは一メートルか二メートルとします。川巾が七メートルもあったら跳べっこないでしょ。この川は八メートルある、跳びなさい、と言ったって足がすくんで跳べません。それを「何でもない何でもない一メートルしかないよ、いや三十センチじゃないか、跳べる跳べる」と尻ごみしているのを元気づけて、尻押しするとパーッと跳べるわけですね。そういうことを私がやっているわけです。ですから私のいうことを信じてくれれば、必ず救われるのです。

本当に神様にすがりきって、それで少しでもいいから人のために尽くせば、運命は必ず好転する。ただいい人というものは気が弱いんですよ。だから一寸悪いことがあると駄目じゃないか、というふうに、なんでもだめだだめだという。

この世の中というものは、地球の業というものは、やっぱり一人一人が少しずつ受けなくてはならないんですよ。地球の運命というのは、一人一人に関係があるんで、自分の業もその中に入っているわけね。地球人類というものは個人個人の集まって出来ているものですね。個人の過去世から積んできた業が集積すると、すごい力になって戦争や天変地異を引きおこしてしまう。だから個人が明るく、個人が立派になりさえすれば、それだけ地球人類の業が減るわけです。

だから皆さんの一人一人が本当に神とつながって、それで明るい方へ明るい方へと想いを切りかえ、一人でも二人でも人のために尽くせば、地球はよくなるのです。

世界人類の平和を祈る、深い人類愛の祈りを祈りつづけているということ、そして祈りを人々に知らせているということは、一人や二人ではなくて、もっとひろい働きになるのです。だから私は「世界平和の祈りをすすめなさい」というわけです。

人を救うことによって倍加する幸せ

それは自分が救われると同時に、世界人類のために尽くしていることになるんです。それは自分の霊性の開発にもなるんです。

霊界の地位が決定するのです。一人救った人と十人救った人とでは、十人救った人のほうが確かに霊位が高くなる。何故かというと、自分の魂の光が一人を救っても倍になるからです。十人救って十倍になるのです。どんどん倍になって、魂の光が強くなります。

それは何故かというと、自分についている守護霊守護神が四体とします、(個人には最低一体の正守護霊、二体の副守護霊、そして守護霊の上の守護神と四体)十人救うと、救われた人の守護霊守護神がまた応援するわけなので、簡単にいえば四十倍になるんですね。そのように倍加されて、その人の光(オーラ)がどんどん大きくなるんです。人を救うことによって、自分の幸せが倍加してくるわけです。

それをふつうの唯物論者の場合は、自分だけ自分だけとやる。あるいは共産党なら共産党、反共なら反共と、自分の範疇のことだけしか思っていない。世界人類という大きな広い立場で、ものを考えない。自分に益するもの、自分の仲間だけのために働く。それはセクショナリズムで、やがては戦争と結びつくことになるのです。

われわれの運動というものは、左翼もない、右翼もない、世界人類のために祈りを捧げる。祈りを捧げるということは、非常に効果があり、いのちを開くことになるのです。自分のいのちがひろがると、それだけ自分の光明が強くなる。大体、自分というのは神の子なのですから、神様の光がズーッとふりまかれるわけなんです。それによって救われる。救われるとその人たちの守護霊守護神がみんな加勢してくれる。ということで自分自身も救われる、幸せになるんです。

だから自分のため、二人のため、あるいは十人のため、五十人のためにどんどん尽くしていけば、自分の霊界の地位は高くなるのです。ただ浄まるということは別です。光は強くなりますけれども、業を祓うということは別なのです。

業を祓うのは、自分自身が本当に平和の祈りをし、統一したりして、浄まってゆくことです。人を救うと自分の霊の力は強くなります。けれども汚れは汚れでついているのです。業は業であるわけです。業をとるのには自分が浄まらないとだめなのです。

浄まるというのはどういうことか、というと、自分が反省して、常に神と一体になっている、ということです。

大勢の人を導いて連れてくる。とてもプラスです。だけど、自分はいいことをしている、自分はいいことをしている、と慢心していると業はなくならない。片っ方で人を助けたらプラスです。それだけではだめなのです。やっぱり浄まらなければね。それをうっかりすると間違うことがあります。

自分自身の癖、妬みの想い、臆病とかいろいろ癖があります。それはまた別なのです。それを浄めるためには、もっと奥深く自分の心に入って「ああ神様、私の天命を完うせしめ給え」と、たとえば怒りっぽい人だったら、和やかになりますように、優しい自分になりますように。嫉妬深い人だったら、寛容の美徳が備わりますように、誰も彼もの運命が喜ばれるようになりますように、と祈る。愛がうすいとしたらば、愛深い私にならしめ給え。というように、欠点を長所にかえる言葉、祈りをつねに心の中で唱えるのです。そうしますとだんだんそうなってきます。

人を救うことと内省することは別

人を救うことはいいけれど、自分の想いの癖、業をそのままにしておいたのではいけません。人を救いながら内省しなければ。人に教えるのだから自分が立派にならなければだめでしょ。常に内省して、神と一つになってゆくことが大事です。

これは宗教団体に入るとか入らないとは別問題です。自分自身の問題です。自分自身がこの地上界で、あるいは霊界で、永遠の生命ですから、存在している限りは、立派にしなければだめですよね。だから自分を立派にすることと、人に平和の祈りを勧めたことは別と考えていい。その方が内省する力が強くなる。どんどん活動していると、つい自分を省みることが少なくなる。

初めの新しい時はとても熱心で、本もよく読む。それで内省している。ところが古くなってきて、人を何人か入れたりして、人の頭に立って、何々さんって慕われるようになります。するとどうしても新しい人を下目に見たり、自分を上に置きたくなるのですよ。その時が一番、曲者。みんな新しいから駄目だとか思うのです。新しく入ってくる人は理屈としてはわからなくても、魂は立派な人がいます。

人の救いに立てるようになり、人に教えが説けるようになり、古くなってくればくる程、地位が高くなればなるほど、自分を内省して、ますます磨いて、後ろからみても前からみても、どこからみても、裸になってみても、あの人は立派だといわれるようにならないとだめなんです。

自分をごまかしてはだめですよ。私が一番嫌いなことは、自分をごまかすこと。人をごまかすのはまだいいです。自分自身が自分をごまかしていたら、救われない、だめですよ。自分をごまかさないで、出来なければ、ああ私はこれだけでございます、けれど明日はもっと立派になります、明後日はもっと立派になります。そういうふうに自分で思って、一生懸命業をはいでゆく。業をとるには一生懸命祈ればいいのです。自分に欠点があったら、この業が一日も早くとれますように、こういう長所になりますように、と平和の祈りに入れればいいんですよね。

私なども年中、反省しております。一日として自分のことを内省しないことはありません。教える時には神様の光がパーッと教えます。肉体を持った五井昌久としては内省を怠らない。どんな人のいうことでも聞いています。ああ私はそこを直さないといけないな、もっと立派にならないといけないな、と常に常に思わないことはありませんよ。

皆さんも、人に立てられれば立てられる程、自分を内省して、ああこの会の人は立派だな、何年やっていらっしゃる？　十年、ああ立派だな、五年？　ああ立派だな、というように、古くなればなるほど、ますます立派になり、やっぱりお古い方は立派だな、と言われるようにならないといけません。

人間は年をとればとるほど立派にならなければいけないと同じように、古い方はどこの教団からみても、どんな人からみても、ああ、あの人は人格がいい、立派だ、柔和だし気高くもある、と自然に誰からも言われるような人間になっていただきたいですね。

しゃべらなくても立派な人に

それは言葉や理屈ではないのです。言葉でどんなに真っ当なことを言っても、なんか変だなと思う人がありますね、口はきかないけれども、フッと笑っただけで、なんていい人だろうと思われる人がありますね。しゃべらなくても立派だなあと思われるような人に皆さんがなれば、世界が平和になるんですね。

だから、自分が本当に立派になれば、世界が平和になるんだな、ということを思うといいですね。それを逆にいえば、世界の平和が一日も早く来るためには、自分が立派にならなければいけない。もし立派でないものがあったら、それは消えてゆく姿だな、消えてゆく姿だな、世界人類が平和でありますように、日本が平和でありますように、私の天命が完うされますように、あるいは私が愛深い人間になりますように、寛容の美徳の備わった人間になりますように、といいことばかりを思うんですよ。この世界は思うと思いのままになる。汝の信ずる如く汝になれ、といって思う通りになる世界。だから事柄ではないんですよ。お金が入りますように、とか、病気が治りますように、とかはそれだけのことですよ。それだけの話。

自分の心が愛に満ちた人間になりますように、把われの少ない人間になりますように、寛容なる人間になりますように、と思うことは、自分の頭で常に思えますね。誰に言われなくても、自分で想えばいいんだから、これほど簡単なことはない。

そうしている内に、知らないうちに寛容の美徳が備わった人間になり、少しくらい誰かにけなされても少しも気にならない人間になります。これは心の修練です。それが宗教なのです。

往相と還相が一体になった人に

宗教には二つの面があります。自分を磨いて自分を立派にする面と、人のために尽くす面と二つある。それを往相《おうそう》と還相《げんそう》というのです。神我一体となろうという姿が往相、人を救う菩薩行が還相。この二つが伴わなければいけませんね。それは同時に出来ることなのです。往相と還相が一体になった人が、本当に立派な人なのです。

やっぱり自分が立派になることです。それは人のためじゃなくて自分のためです。永遠のいのちなのだから、どうしたって立派にならなければならないようになっている。いやでも応でも、神の子の姿をそのまま現わさせようと、守護神がさせようとしているんです。それをごまかして逃げていると、パンとやられるんです。大病させられるとか、貧乏させられるとか、なってゆくのです。

ですから、自分のほうから進んで立派になるように、進んで祈るように、神の道を進んでいかなければだめですね。神から逃げることはしないで、神の方へ神の方へ、神の心の奥深くまでどんどん入ってゆく。

神の奥深い心は何かというと、愛なのです。美であり、真であり、善です。寛容の心、思いやりの心、清々しい心、青空のような心、なんの把われもない心、愛一念の心なんですよ。その奥の奥のほうまで、入らなければ、ただ単なる理屈になってしまう。

同時にやらなきゃ。神の心奥深く、愛一念の心の中に入ってゆくことと、人の救いに立つこと、この二つをこれからやりましょう。楽しみですよ。

素晴らしい人生が開けてくる

運命は必ず好転する

人間というものは何か、これには二つの考えがあるんです。

一つは人間は神の子であって完全円満である、大生命《せいめい》の分生命《いのち》であって、智恵能力が備わっているのだから、そのまま完全円満なのだ、だから人間の世界には悪いことがあるはずがない、という考え方です。もう一つは、人間はいわゆる業生の子であって、因縁因果の波にまきこまれ、因縁因果のままで喜怒哀楽、善悪混淆《こんこう》した世界に生きているので、神様にはとてもなりっこないんだという考え方です。

考えてみますと、目に見え、耳に聞こえ、五感に触れている世界というものは神の子らしくない。神様の子供であるのがどうも不思議であるような、罪悪深重の凡夫が多いわけです。病気、不幸、災難、心の中にはいろんな業想念があるわけです。人の幸福を妬んだり、自分だけのことを思ったり、恨んだり、憤ったり、いろいろと思うことが、一人一人の個人個人にもあるし国家民族にもあります。とても神様の子であると見られないような姿があるかと思うと、一方では、人の幸せを喜んだり、願ったり、困った人を助けてやりたい気持ちが湧いてきたり、人のために身を投げ出したり、そういう明るい神の子らしいところもあるわけです。これが入りまじっています。

どうして玉石混淆した世が現われてくるかというと、仏教的ないい方ですが、過去世の因縁因果によって現われてくるのです。だから運命は八〇％決まっているのだ。父と母の間に赤ん坊として生まれて来た時は、すでにその児の運命は八〇％決まっている、あとの二〇％の力でその運命を変えていくんだと私は説いています。そういいますと、二〇％ではもうしょうがないじゃないか、もう決まってしまっているのと同じではないか、という考えが出てくる。

その二〇%というのはどういうことかというと、二〇%未知の世界がある、これから作り上げていく世界がある、というわけです。

二〇%の出発点から、一〇〇%、千%と、今までの業をこえて、すっかり業を消滅して新しい世界を作る窓口という意味です。八〇%まっくらだけれど、二〇%光がさすところがある。それを窓口として、跳躍台として、無限に自由自在の世界に出る、ということなのです。つまり、自分の生命体が自由自在になる、そういう窓口が二〇%開いていて、あとの八〇%はもう決まっているのだ、というわけです。その窓口から出ていけば自由自在の世界に出られるのです。

この八〇%が決まっているということは何かというと、過去世の因縁因果の波が決まっている、過去世において行なったこと、想ったことが波として決まっている。宗教というのはその因縁因果の波に流されて、波の中に生きてゆくのではなくて、因縁因果をこえていく方法を教えるのです。生まれた時から運命は決まっている、といういい方は、因縁因果の波の中で決まっているということですが、因縁因果をこえた人というのは、因縁とはなんの関係もなく、自由自在に生命を生かしていける。そういう人間になる道が二〇％の光の道としてあるわけです。二〇％の自由性がある。

その因縁因果の波をこえた自由性の二〇％のところにつながれば、悪い運命であったとしても、それをこえて自由自在の世界に出られるんだ、ということなのです。

二〇％のところに何があるかというと、守護霊・守護神が厳然として存在していて、人間の運命を変えていく、幸せにしていくのです。一日も早く本当の人間の神の子の姿を現わすように、二〇％の光明をさしこむ窓口に守護霊守護神がいて、引張りあげてくれるわけです。

だから二〇％といっても単に二〇％ではなく、因縁因果をこえる窓口として、二〇％開いているのだということなのです。

因縁因果をこえる

人間が宗教をやるからには、この現象世界の貧乏を直したい、あるいは病気を治したい、ということだけではなくて、本当の人間に脱皮していく、過去世からの因縁因果の波をこえて神の子の姿を現わす、永遠の生命につながるという道を見出して、その道に励んで努力していくことです。それが宗教なのです。

病気を治すならお医者さんで治療すればいいし、貧乏を直すのなら一生懸命働けばいいわけです。ところが貧乏している、病気をしている、それが前生の因縁、過去世の因縁でそうなっているのです。

ですから、外科的に病気を治したって、あるいは貧乏が一度なくなっても、過去世の因縁をたどっていって、過去世の因縁のままでは病気が治ってもまた病気になる。貧乏の因縁があればまた貧乏になる。因縁因果を持っていたままでは病気は本当に治ったことにならないし、貧乏も直ったことになりません。やがて変化した形でまた出てきます。じろうを外科手術したら肺病になる、肺病をおさえるとたとえば癌になるとか、この現象世界ではぐるぐる廻っているわけです。だから因縁因果をこえていかなければ病気の原因とか貧乏の原因はなくならないのです。

因縁因果をこえる道は何かというと、守護霊守護神につながる道よりほかにないのです。守護霊、守護神につながって、因縁因果の波の影響を受ける三界――肉体界、幽界、霊界の下層――を出てしまわなければだめなわけです。三界を出ていくと、なんにも把われがなくて、自由自在に生きられるわけです。それは一人では出られないのです。人間が分霊《わけみたま》として、分霊魂魄としてここにいる人間自体ではこえることが出来ない。守護霊守護神に想いを向け、守護霊守護神とつながって、そして助け出されて因縁因果の三界をこえていくわけです。こえてしまえば、そこには悪も不幸も何もない、自由自在な世界がひらけてくる。それは肉体界にいても出来るし亡くなってからも出来るわけです。そういう世界に導き出すのが宗教なのです。

ただ現象の貧乏が直った、病気が治ったとか、現世利益だけのものが宗教ではない。勿論それも含まれていますけれど、それだけのものではない。病気を治したい、貧乏を直したいといって宗教へ入るのも結構です。それを縁として入るのですから。しかし、入った以上は守護霊守護神の存在を信じ、守護霊守護神のほうからの救いによって、人間は完全になり得るんだというふうに仕組まれていることを知ることです。

それがわからないと、いつまでたっても、自力でガタガタと俺はダメだ俺はダメだとやっている。それである時は喜び、ある時は悲しむ。病気が治ったといっては喜び、不幸になったといっては悲しみ、悲しんだり喜んだりばかりしているあたり前の業生の世界にいつまでも入っているわけです。それをこえることが宗教の唯一の道です。そこへ持っていかなければいけない。

守護霊守護神と平和の祈り

その窓口が二〇％開いている。それはなんの窓口かというと、守護霊守護神につながるものなのです。それを一生懸命教えているのです。守護霊守護神につながりなさい、守護霊さん、守護神さん有難うございます、と一瞬一瞬寝ている間でも起きている間でも、常に守りつづけている守護霊守護神に対しての感謝を教えているわけです。

感謝してゆくと、守護霊守護神につながってきます。つながっていけば、たとえば自動車にぶつかっても助かったり、病気が重くなるのも軽くなったり、いろいろと助けてくれるわけです。私の所に連れてきたりして助けてくれるわけです。守護霊守護神で間に合わない時は、私の所に連れてくると、守護霊守護神のことをよくよく聞かせて、守護霊という先祖の悟った霊がいつもあなたを守り、その守護霊の上に守護神さんがいて何重にも守っているから、無事にすんでいるのだから、いつでも守護霊守護神に感謝して思っていなければなりませんよ、とこういうふうに教えるわけです。

一生懸命思うと、よけいに守護霊守護神との結びつきが強くなって、やがて、知らない間に業の世界を抜けていくのです。今生の世界で抜け切らなくとも、あの世へいく場合に、普通の決まった運命からすればそこまでいかれないのが、ズーッと高い所へ行かれる。そういうふうに守護霊守護神が導いてくれるわけです。

しかし、それだけではまだ足りない。それは個人だけの想いだから、もっと広く大きくするためにはどうするかというと、守護霊守護神に感謝しながら、世界人類の平和を祈る、みんなが平和でありますように、みんな仲良く行きますように、一日も早く大調和の世界が来ますように、という人類愛の心を言葉に現わして「世界人類が平和でありますように」という祈り言が出たわけです。ですから、世界平和を祈りながら守護霊守護神さんへの感謝をつづけていれば、必ずその人は立派になるに決まっている。

なぜならば、人間というものは想いの世界に生きている。自分の想いがすべてを決定するのです。悪を思えば悪が現われ、善を思えば善が現われる。

電車の中で、しわくちゃの鼻をたらした老人とその隣りにきれいなお嬢さんが坐っていたとします。どっちを見ていたほうが楽しいか。鼻をたらしている老人を見ているほうがいいか、きれいな娘さんのほうを見ているのがいいか、というと誰でも、きれいな娘さんを見ているほうが楽しいし、気持ちがいいです（笑）。たとえば赤ん坊がいます。ああ可愛いいナ、なんて可愛いいんだろうとやっぱり楽しいです。そういうものです。電車にのっている時間だけでも、きれいなものを見るほうが楽しい。

それと同じように、きれいな心を持って美しいものを見ているほうが楽しいです。美しいものの一番の代表は何かというと、神の心、神の愛なのです。愛が一番美しい。だから愛の心を出して、みんなが幸せでありますように、みんなが調和して、うまくやっていきますように、といつも暮していれば、あのヤロウなんだ、いやなヤツだ、死んでしまえばいいなんて思っているより、心がずっと幸せです。そういう心で生きていれば、神の心と同じになります。みんなの幸せを願う、優しい美しい心になっていれば、その人の想いは神様の心と一つになっているわけです。

あのヤロウいやなヤツだ、なんていう人、年中人のことを悪く思っている人と、みんなが幸せになりますようにと思っている人とは、おのずから高さが違ってきます。この世の生き方としても、その人は美しく優しい心で生きられるし、他方はいつもイライラしながら、いやな気持で不平不満の気持で生きている。どっちが得かというと、美しく優しい心の人が得に決まっています。それは今生でばかりの得でなくて、あの世へ行っても人の幸せを願っているほうが遥かに上の世界にいきます。人の不幸を願っているような者は下の世界に行き、苦しむに決まっています。それは自分の想いが決めるのです。

幸せは必ず来る

世界平和の祈りをつねに祈っていれば、その人は不幸せになるわけはない。必ず幸せになります。中間的に不幸せになることがあるかもしれない。しかし、それは過去世の因縁の消えてゆく姿で、それが消えてしまえば必ず幸せになるに決まっているのです。それをやりつづけなければダメです。

少しやっただけで、やってもダメだ、悪いことばかりが出てくる、止めよう、と止めてしまったら、それで終わりだけれど、この世の中で悪いこと、不幸や災難が出てくることは、過去世の因縁がそこに現われて消えゆく時に起こる姿であって、その不幸や災難に会った時に、ああなんだ信仰したってなんにもならない、神様なんかダメだ、平和の祈りなんかダメだ、と止めたらば、また不幸の波の中に入ってしまうことになり、消えないで再びなんらかの形で出てくるわけです。輪廻転生でぐるぐる廻ってくるのですから、想いを変えない以上はだめなのです。

例えば人になぐられる運命があったとする。そしてなぐられ、人にいじめられたとします。コン畜生、殺してもあきたらない、と思います。なぐられる因縁があってなぐられた上に、そういう想いを出すと、それが潜在意識に入って、またぐって来ていつかまたやられます。それを三界は唯心の所現というのですが、想いの現われがここへ出てくる。だから悪いことが出て来た時に、コン畜生！　あのヤロウ！　といって、私は不幸だ、なんてみじめなんだ、と思ったらばそれはそのままおまけなしに自分に返って来ます。それは決まっている。八〇％決まっているというのはそこなんです。

そこで悪いことが現われ、不幸のようなことが現われ、自分に都合の悪いようなことが現われた時に、ああこれは過去世の因縁が消えてゆく姿だなァ、ああこれで消えたんだ、有難うございます、必ずこれからはよくなるんだ、有難うございます、とどんな不幸にぶつかってもやるんです。

そして世界平和の祈りをやっていますと、だんだん心が明るくなっていきます。ああ消えてゆく姿なんだナ、と心から思えなくても、一生懸命思おうとすると、悪い想い暗い想いが潜在意識に入るのがズーッと少なくなる。それに平和の祈りをするから、救世の大光明が一〇〇％入ってきます。差し引きよいものがズーッと多く入っていきます。それがやがて現象界に出てきて、いいことが現われてきます。世界平和の祈りをしていれば、平和の祈りが光となって入ってくるから、必ずいいことがあるに決まっているのです。

必ずよくなるけれども、一朝一夕でなるものではない。今日やったから明日、去年やったから今年よくなる、というのでもない。中にはそうなる人もありますが、しかし、因縁の深い人はそうはいかない。何年もかかるかもしれないけれども、必ず現象的にもよくなるし、心の状態も必ずよくなるにきまっています。その窓口が二〇％開いている。形は二〇％に見えるけれど、無限の自由世界にひろがっている。広がって出てしまえば無限、生命の自由を得る悟りの境地に入っていくわけです。それを私は一生懸命教えているわけです。

焦りは禁物

宗教の世界は焦ったらだめです。焦ったら後もどりするようなものです。神様方のほうでちゃんと頃合いをはかってうまくやってくださっているのです。焦りますと、守護霊さんのほうでやろうと思っても反対の方向へ行ってしまう。年中、右往左往してウロウロしている。そうすると守護霊守護神が光を投げかけても、はなれてしまうのです。ですから焦らず、のんびりと鷹揚《おうよう》にかまえて、人生を達観し楽観して生きていかなければいけません。私は神様につながっているんだから、悪いことはないんだ、定まった運命より悪くなりっこない。定まった運命より必ず、よくなるに決まっていると思いつづけるのです。

守護霊守護神のことを知って、守護霊守護神に感謝をし、世界平和の祈りをしていたらば、八〇％定まった運命よりは必ずよくなるのです。それを信じていい。

私自身体験していることです。姓名学でみられ、運命学・骨相学などでみられても、みんな悪いことを言われたのです。三十才ぐらいまでには死んでしまうとか、やることなすことみんなうまくいかないとか、家族縁がうすいとか、孤独でさびしい生涯を送るとか、狂人になるとか、そんなことばかりいわれました。ところが全部はずれました。三十才で死ななかったし、淋しい生涯ではありません。いつも大勢の人に接しています。みんなはずれました。

何故はずれたか。私は自分の生命を——自分の生命というのは業の生命と神の子の生命と両方あるわけです——いっぺん全部消えてゆく姿にして神様の中に捨てた。この私の生命を差し上げます、どうぞいいようにお使いください、と投げ出したわけです。投げ出すと、過去世の因縁の業というものがみんななくなってしまう。そうするとそこに、神の子として新しく生まれたことになるのです。

〝生命を捨てざれば生命を得ず〟とキリストも言っています。肉体にまつわる生命を捨てなければ、本当の生命は得られない、ということですが、捨ててしまえといっても自殺してしまうんじゃないのです。これは自分のものではない、神様のものである、と神様にいっぺんお返えしすると、神様の生命がそのまま入ってきて、素晴らしい働きが出来る。今までの因縁をこえてしまって、内なる神の力をそのまま発揮できるのです。私は、どうか私の生命をお使いください、といって投げ出した時に、パッと変貌してしまった。それからいろいろな苦労はあったけれど、三十才で死にもしなければ、淋しい生涯でもなければ、着々と平和の祈りが築きあげられて、どんどん今ひろがっています。

自分で、これは自分の生命なんだ、これは自分の体なんだ、自分だ自分だ、と思っている時は、あまりひらけないで、自分というものを捨てた時に、大きな自分がひらける。その自分は何かというと、自分のもとの生命、直霊がそのままここへ来て働いている、そういう姿になっているわけです。

皆さんも、自分の肉体的な我というものを、これは私なんだ、私の運命なんだ、となんだかんだとやらず、我というものをいっぺん捨てちゃうと、パーッと開いて大きな人間になる。それをやればいいのです。自分は悪い、悪い人間です。私がやった、あいつがやった、と〝自分〟というものをふりまわしていたのでは、いつまでたってもダメなのです。つねに神様が守っているに決まっているのだから、守護霊守護神に守られていることを信じて、そのまま守護霊守護神にまかせておけばいい。

ある時はぶたれるようなこともあるかもしれない。あるいは病気になるようなこともあるかもしれない。しかしそれはみんな消えてゆく姿で、過去世の因縁を消してくれるんだから、消えてしまったあとは、サーッとひらいて直霊とまっすぐにつながった自分の生命がそこに生きていくわけです。そうすると素晴しい人生が開いてくるわけです。

参考資料

人間と真実の生き方

人間は本来、神の分霊《わけみたま》であって、業生《ごうしょう》ではなく、つねに守護霊、守護神によって守られているものである。

この世のなかのすべての苦悩は、人間の過去世《かこせ》から現在にいたる誤てる想念が、その運命と現われて消えてゆく時に起る姿である。

いかなる苦悩といえど現われれば必ず消えるものであるから、消え去るのであるという強い信念と、今からよくなるのであるという善念を起し、どんな困難のなかにあっても、自分を赦《ゆる》し人を赦し、自分を愛し人を愛す、愛と真《まこと》と赦しの言行をなしつづけてゆくとともに、守護霊、守護神への感謝の心をつねに想い、世界平和の祈りを祈りつづけてゆけば、個人も人類も真の救いを体得出来るものである。

世界平和の祈り

世界人類が平和でありますように
日本が平和でありますように
私達の天命が完《まっと》うされますように
守護霊様ありがとうございます
守護神様ありがとうございます

著者紹介：五井昌久（ごいまさひさ）
大正５年東京に生まれる。昭和24年神我一体を経験し、覚者となる。白光真宏会を主宰、祈りによる世界平和運動を提唱して、国内国外に共鳴者多数。昭和55年８月帰神（逝去）する。著書に『神と人間』『天と地をつなぐ者』『小説阿難』『老子講義』『聖書講義』等多数。

発行所案内：白光（びゃっこう）とは純潔無礙なる澄み清まった光、人間の高い境地から発する光をいう。白光真宏会出版本部は、この白光を自己のものとして働く菩薩心そのものの人間を育てるための出版物を世に送ることをその使命としている。この使命達成の一助として月刊誌「白光」を発行している。

白光真宏会出版本部ホームページ　https://www.byakkopress.ne.jp
白光真宏会ホームページ　https://www.byakko.or.jp

悠々とした生き方
――青空のような心で生きる秘訣

平成十九年二月二十五日　初版
令和二年六月五日　三版

著者　五井昌久
発行者　吉川譲
発行所　白光真宏会出版本部
〒418-0102　静岡県富士宮市人穴八一二―一
電話　〇五四四（二九）五一〇九
FAX　〇五四四（二九）五一一二
振替　〇〇一二〇・六・一五一三四八

印刷・製本　大日本印刷株式会社

乱丁・落丁はお取り替えいたします。　d2
定価はカバーに表示してあります。

ISBN978-4-89214-173-7 C0014